知识就在得到

A
Comprehensive
Mirror
to Aid in
Government

Series.IV

资治通鉴

熊逸版

熊逸 著

第四辑 汉家隆盛 ⑤

Xiong Yi
Edition

新星出版社　NEW STAR PRESS

目录

第五册

097 汉帝国怎样对待薉貉朝鲜的归降	851
098 三位知识精英上书有什么共同点	859
099 武帝如何对待反战上书	870

——汉武帝元朔二年

100 推恩令是怎么出台的	879
101 主父偃对匈奴的态度为何变了	887
102 汉武帝为什么放弃造阳	893
103 大侠郭解究竟是怎样一个人	900
104 郭解为什么会被灭族	908
105 古人为什么觉得乱伦是重罪	918
106 主父偃是怎么当上齐相的	926
107 主父偃是怎么被灭族的	933

——汉武帝元朔三年

| 108 朱买臣是如何登上历史舞台的 | 942 |

109 公孙弘如何为自己的粗食麻衣辩解　950
110 张骞通西域经历了多少波折　958

——汉武帝元朔三年至四年
111 为何说刀笔吏不可以为公卿　968

汉纪十一

世宗孝武皇帝中之上

——汉武帝元朔五年
112 公孙弘是如何布衣拜相的　981
113 卫青是怎么打出前无古人的胜仗的　991
114 刘安是如何一步步走向反叛的　1001
115 刘赐的后宫发生了怎样的争斗　1009
116 刘赐是怎么犯上作乱的　1016

——汉武帝元朔六年
117 霍去病是怎么立功封侯的　1024
118 汉武帝怎么给卖官开了口子　1034

——汉武帝元狩元年
119 中国历史上的年号是怎么开始的　1041
120 刘安和刘赐是怎么被斩尽杀绝的　1051
121 董仲舒是怎么解读庙殿火灾的　1059
122 如何理解武帝一朝的政治哲学　1066

097

汉帝国怎样对待薉貉朝鲜的归降

薉君归汉

原文:

东夷薉君南闾等共二十八万人降,为苍海郡;人徒之费,拟于南夷,燕、齐之间,靡然骚动。

武帝元朔元年(前128年)还发生了一桩轰动性的大事件:东夷薉(huì)君南闾带着二十八万人归降汉帝国。大汉连人带土地通通接受下来,在当地设置苍海郡。也就是说,汉帝国不费一兵一卒就拓展了一个新郡和二十八万新增人口。

但是,实现有效管理,难度可不亚于开通西南夷。首当其冲的难题还是修路,这就让燕、齐一带的百姓切身感受到了巴蜀百姓的痛苦。

所谓东夷,是指朝鲜半岛上的原住民。"薉"字是"污秽"的"秽"的原始写法,本义是"荒芜"。华夏称呼四方夷狄,向来不会用好字眼儿。薉,也称薉貉或薉貉朝鲜,是当时朝鲜半岛上卫氏朝鲜的一部分。薉君南闾就是薉貉朝鲜的政治领袖,名叫南闾。

武帝一朝,向北要深入大漠,北伐匈奴;向西要通西域,不久之后就要开辟河西走廊;向南要征南越,通西南夷;向东的拓展方向就是朝鲜半岛了。

上古朝鲜

我们先来简单梳理一下朝鲜半岛的上古史。公元十三世纪,高丽王朝时期的僧侣一然编写了一部《三国遗事》,把古朝鲜政权的建立追溯到中国尧帝即位后五十年的庚寅年,相当于公元前2333年。开国君主檀君王俭,定都平壤城,国号朝鲜。

按照朝鲜史书的记载,檀君不是凡人,他的父亲是天帝之子,母亲是一头熊经过修炼变成的女人。檀君的统治时间长达一千五百年。到武王伐纣时,周武王把朝鲜分封给商朝贵族箕子,檀君王俭就退位了,隐居成为山神。他最终活了一千九百零八岁。

檀君大约相当于中国的黄帝。中国人都自认为是炎黄子孙,而朝鲜半岛公认的祖先就是檀君。今天檀

君王俭的开国纪念日十月三日被称为开天节，是韩国的国庆日之一、法定公休日。(李春虎《朝鲜半岛早期国家历史新探》)

檀君朝鲜之后的箕子朝鲜，在中国史料中的记载就比较多了，但可信度有多高也不好说。如果周武王真的封箕子于朝鲜，那么箕子朝鲜就该像宋国一样，世世代代和周天子及中原诸侯有交往和联姻才对，但史料却并无记载。

《史记·宋微子世家》说，虽然周武王封箕子于朝鲜，但朝鲜"不臣"，也就是说双方并不存在主从关系，箕子朝鲜并不对周王室承担诸侯国的任何义务。但箕子后来还是进入中原朝见过周天子。路过殷商旧都时，看到当年的宫殿已成废墟，他不禁悲从中来，创作了《麦秀之诗》。而这段历史在多大程度上是可靠的，也不好确定。

卫氏朝鲜

主流的朝鲜半岛信史，是从卫满朝鲜开始的。《史记》有一篇《朝鲜列传》，第一句话就是"朝鲜王满者，故燕人也"。战国七雄中的燕国在全盛阶段攻取过真番和朝鲜，设置官署，修建堡垒。真番的疆域大致在长白山余脉的哈达岭向南,直到鸭绿江中游北岸,过了鸭绿江就是朝鲜半岛。秦灭燕之后,将燕国的辽东郡并入版图,朝鲜就变成秦帝国在辽东郡以外的邻国了。

辽东郡原先是燕国设置的,第二辑里讲过,辽东位于辽水以东,今天的辽宁省大凌河东岸。当初燕将秦开大破东胡,使东胡后撤一千多里。燕国顺势开疆拓土,在这一片广袤的新占领区设置郡县,这才有了上谷郡、渔阳郡、右北平郡、辽西郡和辽东郡这五个大郡。[1]

秦始皇修长城,东段利用了现有的燕长城。有学者认为,这段长城跨过鸭绿江继续向东南方向延伸,甚至跨过了清川江,终点已很接近今天的平壤。1984年,在朝鲜境内大同江东岸发现了一段长达一百二十公里的古长城,这也许就是秦长城的最东段,终点很可能在今天朝鲜半岛平安南道的龙岗。(李龙彬《东北地区燕秦汉长城及城址研究》)

汉朝建国之后,嫌真番、朝鲜太偏远了,占有成本太高,于是修复了辽东郡过去的边塞,一直到浿(pèi)水为界,这条边界以内归燕国管辖。(《史

---

[1] 详见《资治通鉴熊逸版》(第二辑)第217讲。

记·朝鲜列传》）浿水到底对应着今天的哪一条江河，一直众说纷纭，有说大凌河，有说辽河，有说大同江，比较主流的意见是清川江，在今天朝鲜民主主义人民共和国的中部。（李龙彬《东北地区燕秦汉长城及城址研究》）

史料当中对这些地理概念的记载相当笼统，所以我们只能把握一个大致的轮廓。很有可能秦朝放弃了战国年间燕国占领的一部分东北领土，汉朝进一步向内收缩东北边疆，放弃了一部分秦朝占领的东北领土。

不久，燕王卢绾叛乱，逃亡匈奴。在这场动荡当中，燕国人卫满聚集了党羽千余人，把发型和服装都改成东夷人的模样，越过边塞，渡过浿水，脱离了汉帝国的控制范围，落脚在所谓"秦故空地上下鄣"。这句话今天已看不懂了，有可能这一带曾经属于秦朝的东北边地，还残存着废弃的秦朝要塞。总之，卫满这一伙人逐渐形成势力，有能力役使一部分当地的真番人和朝鲜人，又不断有齐国、燕国的逃亡者加入。于是卫满称王，定都王险，就是今天的朝鲜平壤。这个"王险"和"檀君王俭"的"王俭"大约是一回事，但不知是先有檀君王俭的传说，才根据传说为城市取名，还是先有王险城，才因为城市名诞生了檀君王俭的传说。

到了惠帝和吕后执政时期，天下初定，汉政府不想生事。辽东郡守就和卫满约定，卫满作为汉帝国的藩臣，控制东北塞外的各个蛮夷部落，别让他们骚扰汉帝国的边境。但是，如果蛮夷首领想进京朝见天子，卫满不可以阻挠。惠帝和吕后认可了这一约定。卫满有了汉帝国做靠山，不断降服周边的小政权、小部落，统治范围达到了方圆数千里的规模。

《三国志》裴松之注引《魏略》，说卫满向箕子朝鲜的国君箕准表示臣服，甘愿为箕子朝鲜捍卫西部边境。箕准很信任卫满，拜他为博士，给他各种好处。没想到，卫满暗中积蓄实力，等到力量足够时，骗箕准说汉帝国十路大军大举入侵，为自己骗来一个入宫宿卫的机会。终于，卫满发动政变，成功上位，箕子朝鲜就此灭亡，变成卫氏朝鲜。（《三国志·乌丸鲜卑东夷传》）

卫氏朝鲜传到第三代，统治者是卫满的孙儿卫右渠。他不但从不去朝见汉天子，而且不断引诱汉帝国的逃亡者。东夷各个小政权想要觐见汉天子，他也一概不准。这段时间，大概对应着汉武帝的元朔年间。于是，薉貉朝鲜下定决心，不管卫氏朝鲜什么态度，自己都要直接归附汉帝国。于是，薉貉朝鲜的首领南间背叛了卫右渠，带领二十八万部众向汉帝国举起了归顺的大旗。

设苍海郡

此前，汉帝国对于薉貉朝鲜并非一无所知，一个名叫彭吴的商人曾积极和薉貉朝鲜进行贸易。（杨军《濊人与苍海郡考》）正是因为存在民间层面的贸易沟通，政治层面的归附和接纳才水到渠成。薉貉朝鲜的归附彰显出汉帝国的天下归心，所以汉武帝无论如何都要同意，并且要对薉貉朝鲜的人民给予善待，让他们知道自己的选择绝对没错。

于是，苍海郡就这样设立了。至于它的疆域，史料记载相当模糊，研究者众说纷纭。（赵红梅《苍海郡考述》）简单起见，我们可依照杨军先生的考证："苍海郡的辖区自辽东郡塞外，经今浑江流域，越过狼林山脉一直延伸至今朝鲜江原道北部，在北方形成对卫氏朝鲜的半包围。"（杨军《濊人与苍海郡考》）

这就意味着，如果汉帝国成功开通了通往薉貉朝鲜的官道，可以轻松对其实施驻军和管理，那么以汉武帝的风格，吞并卫氏朝鲜就只是时间问题了。对汉帝国而言，设郡的好处是这二十八万人不用搬迁，只是原地安置，改变身份归属而已；但坏处则是，既然接收了这些人，就该摆出高姿态，开山修路，实施有效管理，保护他们不受卫氏朝鲜的侵害，并且也不能立即收税，征发他们的人力物力，相反，必须加大投入，让这二十八万人充分感受到皇恩浩荡。

因此遭殃的就是和薉貊朝鲜邻近的燕、齐一带的百姓，"但见新人笑，哪闻旧人哭"。反对意见当然会出现，劝武帝别再耗费民力。就算武帝的面子问题可以不予考虑，但设置苍海郡的长远利益和短期损耗到底应当怎样权衡，这笔账并不好算。

098
三位知识精英上书有什么共同点

原文:

是岁,鲁共王馀、长沙定王发皆薨。

临淄人主父偃、严安,无终人徐乐,皆上书言事。

同一年里,鲁王刘馀、长沙王刘发过世。这两人都和武帝是同父异母的兄弟。他们虽贵为诸侯王,但在历史舞台上的地位约等于零。

这是一个血缘贵族衰落、平民精英崛起的时代,马上就会有三位底层出身的知识精英——齐人主父偃、严安和赵人徐乐到长安上书言事,陡然间平步青云,大放异彩。

主父偃上书

原文：

始，偃游齐、燕、赵，皆莫能厚遇，诸生相与排摈不容；家贫，假贷无所得，乃西入关，上书阙下，朝奏，暮召入。

这三人里最突出的是主父偃。他是齐地临淄人，原本学的是纵横家的学问，一把年纪之后才开始学习儒家的《周易》《春秋》和诸子百家的学说。也就是说，他的学术很杂，儒学底色很浅。齐地儒生都嫌弃他，使他无法容身。武帝执政多年，意识形态明确指向儒学，主父偃没有别的赛道可换。偏偏他家里太穷，人缘又差，借钱都借不到，唯一的出路就是靠知识改变命运。于是他北游燕、赵、中山，到处碰运气，结果是到处碰钉子。到了武帝元光年间，主父偃打定主意，离开关东地区，西入函谷关拜访卫青。卫青倒是替他向武帝美言过好几次，但不知为什么，武帝始终都未召见他。主父偃就这么干等着，人等得起，盘缠等不起，他只能蹭吃蹭喝外加借钱，但借了钱却从来都还不上。时间一久，他又开始招大家讨厌了。

这段充满细节的记载出自《史记·平津侯主父列

传》，被司马光删节得只剩一句话。《史记》的记载虽无关资治，却可以从两个细节窥探当时的社会风貌。第一个：主父偃竟然没有被编户齐民束缚在家乡，可以到处游历，成为韩非所描述的"五蠹"之一——只会耗费社会资源却不事生产的社会蛀虫。如果汉政府采用严格的商鞅主义政策，他是没机会到处流窜的。第二个：主父偃千里迢迢去见卫青，应该是投奔卫青，做了门客，要由他负责自己的衣食住行，就像当年的孟尝君、春申君那样。照理说，主父偃大可以赖在卫青府上一辈子，不至于盘缠耗尽，到处讨嫌。可见当时门客群体的生存状态已不能和"战国四公子"时代同日而语了，前文讲过的任安和田仁也在卫青门下遇到过类似的情况。[1] 总之，这时的主父偃已经走投无路。人被逼到这个份儿上，索性孤注一掷。于是他直接来到皇宫大门口，上书武帝。这又是一个值得留心的细节——此前，就算皇帝征召天下贤才，贤才们也不会直接上书自荐，而是要由高级官员或诸侯王进行推荐。全社会的默认值是：人才是要请出来的，否则就是失礼。如果人才越过推荐环节毛遂自荐，这叫"自媒"，和自由恋爱一个性质。正经的婚姻要有父母之命、媒

---

[1] 详见前文第062讲。

妁之言，正经的人才必须有大人物推荐。

主父偃本来要走推荐路线，只是被逼无奈。不过，虽然正经的人才上位必须如此，但皇帝并没有阻断言论通道，老百姓如果对政策有什么意见、想法，是有渠道直接上书皇帝的。

问题是，上书自荐这个渠道虽然存在，但要脸的人不会走这条路。中国古代著名的家训，北齐颜之推的《颜氏家训》说，上书言事的人属于"贾诚以求位，鬻言以干禄"，意思是，这些货色把忠心和言语当成商品，像小贩一样贩卖，为的是换取高官厚禄。史书记载这些人物，就是拿他们来当反面教材的。凡是有水平、有节操的人，通通耻于做这种勾当。（[北齐]颜之推《颜氏家训·卷五》）

颜之推生活在汉朝后的南北朝时期，要等他死后，科举制才开始兴起，即便如此，依然有很多人认为读书人参加科举考试是不要脸的"自媒"行为。由此可知主父偃当时上书言事顶着多大的压力。

那么，皇帝接收这些上书，会不会也有压力呢？不会，因为当时的文盲率很高，所以不用担心每天收到成千上万份意见书和投诉信。但皇帝是否每封信都能看到，并且及时看到，看到后会不会重视，这就靠运气了。而被命运捉弄了大半辈子的主父偃终于等来了自己的好运气——早晨上书，当天傍晚就被武帝召见。

谏伐匈奴

原文：

所言九事，其八事为律令；一事谏伐匈奴，其辞曰：

"司马法曰：'国虽大，好战必亡；天下虽平，忘战必危。'夫怒者逆德也，兵者凶器也，争者末节也。夫务战胜、穷武事者，未有不悔者也。

"昔秦皇帝并吞战国，务胜不休，欲攻匈奴。李斯谏曰：'不可。夫匈奴，无城郭之居，委积之守，迁徙鸟举，难得而制也。轻兵深入，粮食必绝；踵粮以行，重不及事。得其地，不足以为利也；得其民，不可调而守也；胜必杀之，非民父母也；靡敝中国，快心匈奴，非长策也。'秦皇帝不听，遂使蒙恬将兵攻胡，辟地千里，以河为境。地固沮泽、咸卤，不生五谷。然后发天下丁男以守北河，暴兵露师十有余年，死者不可胜数，终不能逾河而北，是岂人众不足，兵革不备哉？其势不可也。又使天下蜚刍、挽粟，起于东腄、琅邪负海之郡，转输北河，率三十钟而致一石。男子疾耕，不足于粮饷，女子纺织，不足于帷幕，百姓靡敝，孤寡老弱不能相养，道路死者相望，盖天下始畔秦也。

"及至高皇帝，定天下，略地于边，闻匈奴聚于代谷之外而欲击之。御史成进谏曰：'不可。夫匈奴之性，兽聚而鸟散，从之如搏影。今以陛下盛德攻匈奴，臣窃危之。'高帝不听，遂北至于代谷，果有平城之围。高皇帝盖悔之甚，乃使刘敬往结和亲之约，然后天下忘干戈之事。

"夫匈奴，难得而制非一世也；行盗侵驱，所以为业也，天性固然。上及虞、夏、殷、周，固弗程督，禽兽畜之，不属为人。夫上不观虞、夏、殷、周之统，而下循近世之失，此臣之所大忧，百姓之所疾苦也。"

《资治通鉴》说："所言九事，其八事为律令，一事谏伐匈奴。"这话有歧义。如果"为"字读平声，那么意思就是：主父偃一共讲了九件事，其中有八件都被采纳，写进律令条文，剩下一件是劝阻武帝伐匈奴；而如果"为"字读仄声，那么句意就变成：主父偃一共讲了九件事，其中有八件都是关于律令的，一件是劝阻武帝伐匈奴。

司马迁在《史记》里对此就没说清楚，后人自然各有理解。但无论如何，"所言九事，其八事为律令"从此成为一个文化语码。宋朝学者黄庭坚有一首绝句《寺斋睡起其二》："桃李无言一再风，黄鹂惟见绿葱葱。人言九事八为律，傥有江船吾欲东。"说自己在寺院里一觉醒来，风是和风，景是美景，不觉陶醉，任凭别人在政治舞台上大放异彩、言出法随，反正我要享受生活去了。当时苏轼正在遭受谏官们的攻击，不得不申请离开京城，到外地做官。黄庭坚作为"苏门四学士"之一，处境也很不利。(《黄庭坚诗集注·卷十一》)

主父偃上书谈了九个议题，很可能每个议题都有一篇文章，一共九篇。[1]但史料只收录了没被采纳的那篇，议题就是劝武帝不要再打匈奴了。这到底是出于怎样的考虑，今天已不得而知。文章的内容几乎被《资治通鉴》全篇照录，后人还给它拟了题目，叫作《上书谏伐匈奴》。

论调其实只是老生常谈，说匈奴人和禽兽无异，就算打败了他们，人没法驯化，只能杀光，土地没法耕种，只能闲置，总之成本巨大，但收益约等于零。而成本如此之大，国内必不会安定，权臣一定会伺机作乱。看看秦朝的教训，打匈奴那么卖力，最后国家权柄被章邯和赵佗两人瓜分，何苦来哉？

其中最重要的一段内容是：秦始皇刚愎自用，派

---

[1] 余嘉锡《四库提要辩证·新书十卷》："盖九事即分九篇，故《艺文志》有《主父偃》二十八篇，是亦汉人上书以一事为一篇之证也。"

蒙恬开辟千里版图，以黄河为界，但当地皆为盐碱地，什么庄稼都长不出。秦政府又发动天下丁男去驻守河套地区，十几年中不知死了多少人，但始终没能越过黄河再做一点突破。

这段内容还是老生常谈，为什么说它重要呢？因为等到元朔二年（前127年），主父偃竟然提出了完全相反的提案。而将来的事实还会证明，投降过来的匈奴人为汉帝国北伐匈奴的大业做出了卓越的贡献，完全不像主父偃在这里讲的那样。

上书反战

原文：

严安上书曰："今天下人民，用财侈靡，车马、衣裘、宫室，皆竞修饰，调五声使有节族，杂五色使有文章，重五味方丈于前，以观欲天下。彼民之情，见美则愿之，是教民以侈也；侈而无节，则不可赡，民离本而徼末矣。末不可徒得，故搢绅者不惮为诈，带剑者夸杀人以矫夺，而世不知愧，是以犯法者众。臣愿为民制度以防其淫，使贫富不相耀，以和其心；心志定，则盗贼消，刑罚少，阴阳和，万物蕃也。昔秦王意广心逸，欲威海外，使蒙恬将兵以北攻胡，又使尉屠睢将楼船之士以攻越。当是时，秦祸北构于胡，南挂于越，宿兵于无用之地，进而不得退。行十余年，丁男被甲，丁女转输，苦不聊生，自经于道树，死者相望。及秦皇帝崩，天下大畔，灭世绝祀，穷兵之祸也。故周失之弱，秦失之强，不变之患也。今徇西夷，朝夜郎，降羌、僰，略薉州，建城邑，深入匈奴，燔其龙城，议者美之；此人臣之利，非天下之长策也。"

和主父偃同时，徐乐、严安也在上书言事。

严安的议题严格说来有两个：一是关注贫富差距，说奢靡之风一起，人们就会抛弃农业，去搞工商业，而工商业要想赚钱，就必须为富不仁，所以违法犯罪的事情数不胜数，朝廷必须赶紧立法遏止这种趋势；二是反战，说现在汉帝国向四面八方开疆拓土，小心不要重蹈秦帝国的覆辙，尤其要注意的是，开疆拓土、建立奇功是臣子之利，不是国家之利。

原文：

徐乐上书曰："臣闻天下之患，在于土崩，不在瓦解，古今一也。

"何谓土崩？秦之末世是也。陈涉无千乘之尊、尺土之地，身非王公、大人、名族之后，乡曲之誉，非有孔、曾、墨子之贤，陶朱、猗顿之富也；然起穷巷，奋棘矜，偏袒大呼，天下从风。此其故何也？由民困而主不恤，下怨而上不知，俗已乱而政不修。此三者，陈涉之所以为资也，此之谓土崩。故曰天下之患在乎土崩。

"何谓瓦解？吴、楚、齐、赵之兵是也。七国谋为大逆，号皆称万乘之君，带甲数十万，威足以严其境内，财足以劝其士民；然不能西攘尺寸之地而身为禽于中原者，此其故何也？非权轻于匹夫而兵弱于陈涉也。当是之时，先帝之德未衰而安土乐俗之民众，故诸侯无竟外之助，此之谓瓦解。故曰天下之患不在瓦解。此二体者，安危之明要，贤主之所宜留意而深察也。

"间者，关东五谷数不登，年岁未复，民多穷困，重之以边境之事。推数循理而观之，民宜有不安其处者矣。不安，故易动；易动者，土崩之势也。故贤主独观万化之原，明于安危之机，修之庙堂之上而销未形之患也，其要期使天下无土崩之势而已矣。"

徐乐的议题是土崩和瓦解的关系，说天下之患在于土崩，而不在于瓦解。秦末的情况就是土崩——我们可以借助雪崩来理解。雪崩之前看不出任何危险的端倪，可能就是一片不起眼的雪花落下来，触发了连锁反应。"七国之乱"的情况属于瓦解，虽然看上去来势汹汹，但因为国家的基础没坏，掀翻的瓦片触发不了连锁反应，该修补的修补，该重铺的重铺，并不是很难，所以叛乱很快就被粉碎了。这是国家安危的底层逻辑，皇帝必须想明白。如今关东地区连年歉收，政府非但没有减免赋税，反而又把边境战争的负担加在了百姓身上，这便已显露出土崩的迹象。

徐乐这封上书，创造了"土崩瓦解"这个成语，只不过今天我们在使用它时，已不细分何谓土崩、何谓瓦解了。

以上三个人、三篇文章，共同点就是反战，给开疆拓土的大好形势泼冷水。那么，他们的话在不在理？武帝又是什么反应呢？

099

武帝如何对待反战上书

儒家理想

我们首先需要把理想值和现实状况做一个简单的区分。在儒家的理想值里,"天无二日,民无二王",全天下只能有一个最高领袖。他若是尧舜禹汤那种圣王的话,就不单要对本国子民承担义务,还要对远方的外族子民承担义务。只要全天下还有一个人受苦受难,圣王心里就会不安,迫不及待地想要解救他。之前,庄助和司马相如都表达过这种观念。那么问题来了:如果邻国有暴君当政,压迫他的子民,圣王应当怎么办呢?如果劳师动众去除暴安良,难道本国子民就该为圣王的道德义务去出生入死吗?战争的巨大成本又该由谁来承担呢?

这些问题是有标准答案的:除暴安良是圣王不可推卸的责任,既不需要出生入死,也不存在多高的成本，因为这种吊民伐罪、解民于倒悬的战争，不可能遇到任何实质性的阻力——邻国士兵一看圣王的军队来了，马上就会倒戈，高高兴兴地变成带路党；邻国百姓一看圣王的军队来了，马上就会箪食壶浆，以迎王师。所以，圣王的军队不但无仗可打，而且不需要后勤补给。

在儒家大师当中，孟子对此论述得最细致，信念也特别坚定。《尚书》有一篇《武成》，讲武王伐纣的战争很激烈，血流漂杵，于是孟子说出了名言："尽信《书》则不如无《书》。"意思是，如果《尚书》说什么，我们就信什么，那还不如没有《尚书》的好。他继续说："我对《武成》这一篇，绝大部分都不信。为什么呢？因为仁人无敌于天下，以周武王这样一位闪耀着至仁光芒的圣王，去打商纣王这样彻头彻尾不可救药的暴君，纣王的军队应该不战而降，怎么可能和圣王的军队做殊死搏斗呢？"（《孟子·尽心下》）

孟子不相信《武成》的记载，他对圣王的南征北战是这样描述的："商汤王南征，北方的夷狄就满是埋怨，嫌他没有先来打自己；商汤王东征，西边的夷狄也满是埋怨，嫌他没有先来打自己。武王伐纣时，只带着三百辆兵车和三千名士兵，对殷商百姓说：'大家别怕，我是来让你们得到安宁的，不是来和你们为敌

的。'殷商百姓激动不已,一个个行稽首大礼,额头碰在地上的声音如同山崩一样。"(《孟子·尽心下》)

仁者无敌

那么,圣王如果缺乏军事常识,不懂得怎么行军打仗,也可以吗?

在孟子看来,当然可以。怎么排兵布阵,怎么攻杀战守,不过是技术层面的小把戏,只要国君是仁君圣王,高举仁义大旗,自然就会天下无敌。言下之意是,只有坏蛋之间的互殴才有所谓的战术问题——谁的体格强壮一点,谁的身法敏捷一点,谁的赢面就大一点,仅此而已。而圣王讨伐暴君,属于降维打击,不费吹灰之力。

让我们抛给孟子一个现实问题:如果薉貊朝鲜二十八万人申请归附汉帝国,那么汉帝国该怎么做呢?正常情况下,孟子应当认为这是汉帝国圣王感召力的完美体现,怎么可以寒了这二十八万外族人民的心呢?此事确如孟子所说,没有死一个人,也不存在千里馈粮的物流成本,甚至比他预期的更好,汉帝国连一兵一卒都没有出境。但书斋里的孟子却不曾想到,接收这么多人、这么大一片土地,为了实现有效管理就必须开山修路,而这种基建极其劳民伤财,甚至会出人命。

主父偃、严安、徐乐虽然都从各自的角度劝谏汉武帝不要劳民伤财，但都没有给出一个可行方案。如果只是停了基建工程，把新设的犍为郡和苍海郡都撤销，这让皇帝和朝廷颜面何在？更别提匈奴问题——就算汉帝国愿意息事宁人，可匈奴不会同意。经过马邑之役，即便汉帝国重启和亲，匈奴也只会钱照收、仗照打。这三位上书言事之人谁都没看出来，匈奴和西南夷、薉貊朝鲜问题，完全不是一回事。

相见恨晚

原文：

书奏，天子召见三人，谓曰："公等皆安在，何相见之晚也！"皆拜为郎中。主父偃尤亲幸，一岁中凡四迁，为中大夫；大臣畏其口，赂遗累千金。或谓偃曰："太横矣！"偃曰："吾生不五鼎食，死即五鼎烹耳！"

但不知为何，武帝看到这三人的上书后，简直就像俞伯牙遇到了钟子期，在召见他们时说："公等皆安在，何相见之晚也！"成语"相见恨晚"就是这么来的。武帝一并任命他们为郎中，也就是留在身边，方便随时询问。

在这三人中，主父偃最受武帝宠信，一年之内连升四次，最后做到了中大夫。这一时期的中大夫到底是多大的官，不易确定。在此前的景帝时代，中大夫的级别应当是比八百石，不算高。而在二十四年后的武帝太初元年（前104年），中大夫改名叫光禄大夫，级别变成比二千石。（阎步克《从爵本位到官本位：秦汉官僚品位结构研究》）不管元朔元年中大夫的级别究竟怎样，总之，主父偃成为朝廷的一颗明日之星，在武帝面前红得发紫。

《资治通鉴》记载，大臣们都怕主父偃那张嘴，争相用重金行好处，以至于他收到的贿赂有千金之巨。

我们看不懂大臣们为什么要这样做，这要怪司马光删掉了一条重要信息，那就是立卫子夫为后、揭发燕王刘定国的隐秘罪行，像这样的大事可能都有主父偃的参与。（《史记·平津侯主父列传》）

刘定国案

卫子夫的上位，我们已经不陌生。燕王刘定国是怎么回事呢？

这就需要借助《史记·荆燕世家》来理解了。早在诸吕之乱时，刘邦的远亲刘泽拥立文帝有功，从琅邪王徙为燕王。刘泽死后，王位传给儿子刘嘉，刘嘉又传给儿子刘定国，就是刘泽这一支里的第三代燕王。刘定国即位之后，和父亲的姬妾通奸，生下一个男孩，又霸占了自己的弟媳。但他还有更过分的行为：《史记》说"与子女三人奸"。在古汉语里，"子"标志了辈分，"女"标志了性别，所以"子女"指的是女儿。燕王刘定国的私生活混乱到如此地步，但只要低调做人，他倒也不至于惹上麻烦。只是，他自幼锦衣玉食，大概养不出低调的性格。果然，刘定国想杀掉肥如令郢人，郢人就把刘定国的脏事上报给了朝廷。

肥如在今天的河北省卢龙县北，当时应该在燕国的版图之内。虽然郢人做出了反击，但刘定国派人捏造罪名，终于还是捕杀了郢人。但刘定国没想到的是，杀人灭口不等于斩草除根。到了元朔元年，郢人的兄弟再次向朝廷上书，揭发刘定国的丑事。纸里终于包不住火了。刘定国被迫自杀，燕国撤国为郡。

燕王刘定国案是武帝一朝的大案，《资治通鉴》当然不会不提，只是安排在了一年之后的元朔二年（前127年），并且结合《史记》当中的《荆燕世家》和《平津侯主父列传》认为，揭发刘定国罪行的不仅有郢人的兄弟，还有主父偃。这段内容，我们后文再来细看。

轰轰烈烈

废立皇后也好,逼死诸侯王也罢,对大臣而言都是走钢丝的事,稍一不慎就会粉身碎骨。但主父偃不怕。达官显贵谁还没有几件脏事呢?所以,大家积极送钱来堵他的嘴也就不难理解了。

也有人劝他说:"你有点太嚣张了!"但主父偃说出一番掷地有声,甚至有点催人泪下的道理:他成年以后,游学四十多年,到处碰钉子。父母不拿自己当儿子,兄弟不帮自己,宾客不搭理自己,这种日子谁熬得住呢?主父偃一连说出两句名言,第一句是"吾生不五鼎食,死即五鼎烹耳",第二句是"吾日暮,故倒行逆施之"。

所谓五鼎食,是高级贵族的吃饭方式,排场特别大;所谓五鼎烹,是指把人扔进烧沸的鼎里煮死,其实一只鼎就够了,"五鼎烹"只是为了修辞上的考虑,和"五鼎食"构成对仗。刘邦麾下的名嘴郦食其就是被齐王用鼎烹死的。项羽要挟刘邦时,也曾烧起大鼎,扬言要把刘邦的老父亲丢进去。所以,主父偃的意思就是:大丈夫就该轰轰烈烈地建功立业,再高的风险都无所谓。总之,不能活成庸庸碌碌、人人看不起的样子。

至于他的第二句话,是借用了春秋时代伍子胥的名言。伍子胥为了报仇，无所不用其极，对朋友说："吾日暮途远，吾故倒行而逆施之。"意思是，太阳快落山了，而我要走的路还很长，所以我必须不择手段。成语"日暮途远"和"倒行逆施"就是这么来的。但细想一下：为什么日暮途远就必须倒行逆施呢？难道不应该加速向前奔跑吗？

倒行逆旅

这一问题曾经困扰我很多年。直到看了宋朝学者吴曾的《能改斋漫录》，我才恍然大悟。吴曾找来《吴越春秋》，发现这句话应是"日夕途远，吾故倒行逆旅之于道也"。这样看来，是"旅"字在流传过程中被以讹传讹，变成了字形相似的"施"。"逆旅"的"逆"是"迎接"，"旅"是"旅客"，所以"逆旅"就是迎客，引申为客栈。一名旅客赶路赶得太急，看到客栈却没有留宿，而是继续向前，没多久却发现天快黑了，不知要走多远才能看到下一个客栈，怎么办呢？那就只有"倒行逆旅"了，走回头路，务必赶在天黑之前回到刚刚错过的那家客栈。（[宋]吴曾《能改斋漫录·卷三》）

主父偃大半辈子颠沛流离，受尽冷眼，连最亲的亲人都不肯给他一点温暖。如今他年纪一大把,不知还能再活几年,自然想要趁着能风光时好好风光,有恩报恩,有仇报仇,总之要扬眉吐气。至于这种过分高调的人生所隐伏的风险,无所谓。

从此以后,"五鼎食"和"五鼎烹"流传成文化语码,反复被人提及。将《天演论》译介到中国的严复,在一首诗里写道:"吾爱主父偃,生不五鼎食,死当五鼎烹。"但这是唯一的人生选择吗?不是。还可以"亦爱徐景山,曹事不恤惟酒觞",徐景山就是曹魏时代的名臣徐邈,爱喝酒甚至变成了典故。但他再怎么爱喝酒,哪怕醉醺醺耽搁了工作,也是曹魏名臣。所以,"男儿生不取将相,身后泯泯谁当评"。([清]严复《赠里人陈苹秋》)堂堂男子汉,如果不能在有生之年成为大人物,那么在死后彻底默默无闻,别人连奚落都不会奚落一句,那该有多可怜啊。

主父偃已经实现了"五鼎食",将来有多大概率会遭遇"五鼎烹"的命运呢?一定有很多人盼望着这一天的早日到来,而这些人都是朝廷里的大人物。他们的愿望可不是老百姓在饭桌上咬牙切齿却轻如鸿毛的抱怨,而是在静水流深中默默形成合力,只等主父偃露出破绽。

汉武帝元朔二年

---100---

推恩令是怎么出台的

敬老赐几杖

原文:

(二年)

冬,赐淮南王几杖,毋朝。

元朔二年(前127年),冬十一月,武帝赐给淮南王刘安"几杖",特批他不必进京朝见。

赐几杖是敬老的表现。"几"是象形字,就像我们今天常用的茶几。汉朝人没有椅子,席地而坐,自然也就没有桌子,扮演桌子角色的就是这个"几"。

"几"虽模样和今天的茶几一样,但严格来说不能叫茶几,因为当时的人还不像今天这样喝茶。人上了年纪,久坐吃不消,就会有一个动作叫"凭几",也就是拿"几"当个倚靠。在社交场合里,"凭几"是一个很放松的姿势,而放松通常意味着不礼貌,所以只有身份尊贵的人才有"凭几"的特权。而在敬老的传统里,老年人则是可以"凭几"的。

不过,老年人虽然在落座之后可以"凭几",但一起一坐的过程还是费力,所以需要有个倚靠,这就是"杖"。于是画面感有了:一位老人拄着手杖,在它的支撑下慢慢落座。落座之后,他依然握着手杖,缓缓将身体倚靠在"几"上,这个姿态叫作"凭几据杖"。战国年间,郭隗指点燕昭王如何招揽贤才,说最重要的就是态度:国君如果"冯(凭)几据杖,眄视指使",也就是以"凭几据杖"的放松姿态斜眼看人,指指点点地安排别人做事,那么能用的人只会是仆人,能人是受不得这个态度的。(《战国策·卷二十九·燕策一》)

淮南王刘安论辈分是汉武帝的叔父,所以能得到这份特殊优待。更何况二人同是文学爱好者,武帝很钦佩这位叔父的文学才华。但在心里,武帝到底还是想把诸侯王的实力再好好削弱一下。

推恩令

原文：

主父偃说上曰："古者诸侯不过百里，强弱之形易制。今诸侯或连城数十，地方千里，缓则骄奢，易为淫乱，急则阻其强而合从以逆京师。以法割削之，则逆节萌起，前日晁错是也。今诸侯子弟或十数，而適嗣代立，余虽骨肉，无尺地之封，则仁孝之道不宣。愿陛下令诸侯得推恩分子弟，以地侯之，彼人人喜得所愿；上以德施，实分其国，不削而稍弱矣。"上从之。春，正月，诏曰："诸侯王或欲推私恩分子弟邑者，令各条上，朕且临定其号名。"于是藩国始分，而子弟毕侯矣。

同一年，主父偃提出了一个即将彻底改变汉帝国政治格局的方案。奏疏的篇幅很短，也无法取得立竿见影的效果。主父偃认为，现在的诸侯国还是太大，对朝廷的威胁依然没有消失，而要瓦解诸侯国其实不难，用不着晁错那种笨办法，只要顺应人之常情就可以了。诸侯王通常都很能生儿子，但只有嫡长子才有资格继承王国，其他那么多儿子虽然同样是亲生骨肉，却继承不到任何土地。

所以，皇帝应当下一道命令，允许诸侯王"推恩封子弟"。"推恩"的"恩"是"爱"的意思,"推恩封子弟"就是说诸侯王可以把自己作为父亲对嫡长子的爱分一些给其他儿子,使每个儿子都得到一片可以继承的封地。父亲当然愿意对儿子好,儿子们当然也愿意继承一份可观的遗产。皇帝给的政策并不是强行削藩,并没有把诸侯国的土地抢回中央政府。这相当于打着爱的旗号瓦解了诸侯国的实力。而大家对皇帝只有感恩,谁都挑不出毛病。

当然,嫡长子会怎么想,那就不重要了,反正他的父母和兄弟们都开心,他一人不开心也掀不起多大浪花。这就是主父偃方案的高明之处:在整条利益链上,多数人都和皇帝一条心。嫡长子如果心生不满,用不着皇帝做什么,他的兄弟们就会在第一时间扑上来撕咬他。

于是当年春正月,武帝下诏,说诸侯王若愿意推恩,把土地分给嫡长子以外的儿子,可以呈报朝廷,皇帝会亲自确定他们的爵位名称。

推恩令就这样出台了。诏书完全是温情脉脉的口气,诸侯王们想推恩也行,不想推恩也行,各凭自愿。也就是说,如果有哪个诸侯王执意遵循传统,死守着嫡长子继承制不放,那也没关系,朝廷绝不强制。这样一来,推恩令就占据了道德制高点,谁也不能说汉武帝笑里藏刀。那么问题来了：假如有些诸侯王就是老顽固，不肯遵行推恩令，怎么办呢？

这种情况，理论上当然存在。而在现实生活中，这样的老顽固注定要被三妻四妾天天软磨硬泡，被看着别人家眼馋的儿子们各种敲打，可想而知，这不是普通人扛得住的。而且，朝廷还会有配套政策，那些率先落实推恩令的诸侯王会受到大张旗鼓的表彰。诸侯国从此越分越碎，就算一群诸侯王联合起来，也不可能再跟中央抗衡了。

助推

主父偃的推恩令，看上去不过是对贾谊当年"众建诸侯而少其力"的细化，其实也只是稍微细化了一点。但就是这一点不同，使贾谊的提案被长久冷落，而主父偃的提案当年就被付诸实施。"众建诸侯而少其力"是皇帝采取主动，是必选项；推恩令是大大方方地把主动权交给诸侯王，是可选项。这个小小的改变，不经意间就把矛盾转嫁了——皇帝绝没有把诸侯国的土地收归郡县的意思，诸侯王要不要推恩，大可以一家父子兄弟关起门来好好商量。

推恩令起到的作用相当于"助推"——它充分顺应

了人的天性，只是在天性的方向上稍稍施加了一点力。推恩令的本质虽然还是削藩，但实施削藩的人不再是皇帝本人。想想当年号称"智囊"的晁错，在削藩之路上，他非但没有沿着贾谊设计好的方向推进一步，反而和贾谊背道而驰，把削藩搞成了明抢，彻底激化了皇帝和诸侯王的矛盾，终于酿成了"七国之乱"。晁错自己"衣朝衣斩东市"，还连累全家都被杀了。

从文帝到景帝，断断续续、七折八扣地实施着"众建诸侯而少其力"的方案：文帝把齐国一分为六，把淮南国一分为三；景帝把梁国一分为五，还给梁王的五个女儿各自分配了汤沐邑。凡此种种，可谓用心良苦。但是，削藩的问题，直到推恩令颁布才算真正得到了系统性的解决——从此就不需要皇帝再一个个亲手拆分诸侯国了，新方案的出台就像推倒了第一块多米诺骨牌。

精妙的制度设计就会有这样的效果。只要两三代人的工夫，诸侯国自然就会被切成碎渣。

当然，甘蔗没有两头甜。虽然皇帝再也不用担心诸侯王造反了，但是到了西汉后期，外戚专权乃至篡权时，皇族宗室已经连一个能打的都没有了——要么被边缘化，要么只能仰外戚权臣的鼻息，才能保障那一点可怜的政治待遇。

不过，仅就削藩而言，推恩令无论如何都是一个经典的、被证明行之有效的解决方案。那么，后人在解决同类问题时，是否会把这套方案拿来就用呢？

明代削藩

到了明朝，朱元璋一方面加强中央集权，一方面大封诸子，诸侯王的实力很强。皇太孙朱允炆像汉景帝一样忧心强藩问题，但亲信大臣黄子澄熟悉历史，宽慰他说："不用担心，看看汉景帝时'七国之乱'的下场，诸侯王是斗不过中央军的。"[1] 黄子澄也算是充分吸取历史经验了，只不过没找准对应的经验。等到即位之后，朱允炆竟然采取了晁错式的削藩方案。高巍曾上书探讨削藩问题，认为贾谊提出的"众建诸侯而少其力"依然是适用于现实的指导方针，但在实操层面，可不能学晁错，而要学主父偃。

在一般人看来，主父偃的削藩方案应该算尽善尽美了，但高巍竟然还能查漏补缺，说不能让诸侯王的

---

[1] 《明史·列传第二十九》："惠帝为皇太孙时，尝坐东角门谓子澄曰：'诸王尊属拥重兵，多不法，奈何？'对曰：'诸王护卫兵，才足自守，倘有变，临以六师，其谁能支？汉七国非不强，卒底亡灭。大小强弱势不同，而顺逆之理异也。'太孙是其言。"

儿子们在本国裂土封侯，而要调换他们的位置，把原先住在西边的弄到东边封侯，原先住在北边的弄到南边封侯，看谁还有能力犯上作乱。（[明]高巍《高不危文集校注·卷一·上建文皇帝分王诸藩疏》）

虽然高巍的后半段意见纯属画蛇添足，但前半段一点没错，削藩必须以贾谊的方针为基准，以晁错的方案为戒，以主父偃的方案为抓手。

高巍已经把话说到这个地步了，朝廷竟还是采用了晁错的方案，最终导致"靖难之役"——朱允炆被推翻，燕王朱棣当了皇帝，也就是明成祖。

101

主父偃对匈奴的态度为何变了

收河南地

原文：

匈奴入上谷、渔阳，杀略吏民千余人。遣卫青、李息出云中以西至陇西，击胡之楼烦、白羊王于河南，得胡首虏数千，牛羊百余万，走白羊、楼烦王，遂取河南地。诏封青为长平侯；青校尉苏建、张次公皆有功，封建为平陵侯，次公为岸头侯。

元朔二年，是属于主父偃的一年。这一年，匈奴再次犯境，汉政府再次反击。这次还是由卫青、李息分别带兵，战线拉得很长，但力量很集中，重点攻击河南地的楼烦王和白羊王，斩首数千级，缴获的牛羊上百万，河南地就此被纳入汉帝国版图。

所谓河南地，我们已不陌生，是指内蒙古一带的河套地区。这是一次创纪录式的胜利，汉朝君臣有一种扬眉吐气的感觉。

论功行赏，封卫青为长平侯，这是实实在在的彻侯，不是先前的关内侯了。卫青麾下的校尉苏建受封平陵侯，张次公受封岸头侯。苏建有一个特别出名的儿子，就是"苏武牧羊"的苏武。苏建和张次公后来继续追随卫青出征匈奴，但最后都没能保住自己的爵位。卫青这一线功勋卓著，连部将都封侯了，李息那一线则无声无息，应该是个无功无过的结果。

那么问题来了：取得了如此惊人的战果，下一步该怎么办呢？

变色龙

原文：

主父偃言："河南地肥饶，外阻河，蒙恬城之以逐匈奴，内省转输戍漕，广中国，灭胡之本也。"上下公卿议，皆言不便。上竟用偃计，立朔方郡，使苏建兴十余万人筑朔方城，复缮故秦时蒙恬所为塞，因河为固。

如果按照传统方式，事情很简单，撤军即可。但主父偃提出一个大胆的新方案：河南地肥沃丰饶，北方有黄河天堑可为天然屏障，当年蒙恬就在那里筑过城。只要筑了城，就地开垦农田，既可拓展国家领土，又可作为消灭匈奴的桥头堡，还不用担心后勤补给问题，何乐而不为呢？

主父偃前一年给武帝上书"九事八为律"时，才说过反战言论，不赞成打匈奴，现在居然不但要打，甚至扬言要灭掉匈奴。先前主父偃说秦始皇刚愎自用，派蒙恬开辟千里版图，以黄河为界，但当地皆为盐碱地，什么庄稼都长不出，秦政府又发动天下丁男去驻守河套地区，十几年中不知死了多少人，但始终没能越过黄河、再做一点突破。[1] 此时，他竟然把蒙恬开边当成楷模，还说河套地区土壤肥沃。

主父偃就是这么一条变色龙。他之所以发生如此转变，正因为先前的"九事八为律"中，唯一不被武帝接受的就是匈奴问题。如今时隔一年，现实让他深刻意识到皇帝陛下是何等的高瞻远瞩、真知灼见。

这就是职场生存的小人之道——如果只是对领导言听计从、阿谀奉承，其实不会太被领导当回事；但若在局部意见上先和领导唱反调，一段时间后再"真诚地"认识到自己的错误，从此坚定地和领导意见保持

---

[1] 详见前文第098讲。

统一，那么对领导来说，这样的态度转变则无比受用。

设朔方郡

主父偃敏锐地捕捉到了武帝的意图，于是义无反顾地投入了舌战群儒的事业。朝廷大臣一致认为主父偃的方案不切实际，但大概越是这样，他越在心里偷着乐。方案终归要由武帝拍板，而他果然力排众议，采用了主父偃的方案，在河套地区设置朔方郡，征发十几万劳动力修筑朔方城，并由苏建负责整个项目。

就这样，汉帝国的版图在北边又拓展了一部分，继西南的犍为郡和东北的苍海郡之后，又添了一个朔方郡。武帝在诏书里引经据典，说《诗经》里写"薄伐猃狁，至于太原""出车彭彭，城彼朔方"……（《汉书·卫青霍去病传》）儒家经典在诏书中再次粉墨登场，言下之意是，别说什么开疆拓土劳民伤财了，朕的所作所为其实都是对周代丰功伟绩的复兴。

"薄伐猃狁，至于太原"出自《诗经·小雅·六月》。按照武帝时代的主流解释，这首诗说的是周宣王北伐猃狁，以尹吉甫为主帅，一直打到北方一个叫太原的地方，使周朝迎来了中兴局面。前文讲过，武帝立《诗》学博士，有齐、鲁、韩三家，河间献王刘德那边还有一派毛诗。[1] 关于这首诗的主题，韩诗没能留下记载，其他三家基本一致。（［清］王先谦《诗三家义集疏·卷十五》）

尹吉甫北伐猃狁这段历史在《汉书·匈奴传》里也有记载，说他把猃狁逐出边境后就撤军了——对付他们就像对付蚊虫，赶走就可以——所以天下人都觉得好。

在元朔二年的战役中，汉武帝相当于周宣王，卫青相当于尹吉甫，匈奴相当于猃狁。在卫青把匈奴逐出河套地区后，下一步行动在儒家经典里也是有依据的——"出车彭彭，城彼朔方"出自《诗经·小雅·出车》，讲的还是周宣王北伐猃狁之事，但这次的统帅是南仲，而他领受的命令不是和猃狁直接作战，而是在朔方筑城。（［清］王先谦《诗三家义集疏·卷十四》）

这里所谓朔方，并非一个专名，而是泛指北方。也就是说，在反击猃狁这个系统工程里，南仲负责在北方筑城。对应到元朔二年，苏建就扮演了南仲的角色，他主持修筑的城叫朔方城，在河套地区拓展出来的郡就叫朔方郡。"朔方"因此从通名变成了专名。

汉武帝从儒家经典中寻找政策依据，手法如外科

---

[1] 详见前文第082讲。

手术式精密，看来那么多博士没有白立。

原文：

> 转漕甚远，自山东咸被其劳，费数十百巨万，府库并虚。汉亦弃上谷之斗辟县造阳地以予胡。

朔方郡的建设就这样热火朝天地推进起来，不但要修筑朔方城，还要修缮蒙恬时代的废弃要塞，耗费了大量人力物力，把整个关东地区拖得苦不堪言，国库为之一空。而与此同时，汉帝国放弃了所谓"上谷之斗辟县造阳地"，也就是把上谷郡的一大片地方让给了匈奴。

102

汉武帝为什么放弃造阳

弃造阳

汉武帝将河套地区收入版图,新设朔方郡,派苏建修筑朔方城的同时,竟然把上谷郡的一大片地方让给了匈奴,这到底是怎么回事呢?

在人们通常的印象中,割地赔款,丧权辱国,这些概念都是成套出现的,没听说过一个政权在鼎盛时期,在重创了对手之后,反而主动放弃土地。事情乍看上去确实很蹊跷,但要注意:秦汉年间的土地问题往往只是一个经济问题,而不是政治上不可有半步退让的原则问题。同时,一个政权越是在积贫积弱时,放弃土地才越易触发心理波动,就像一个人越自卑越敏感一样。在强盛时期,土地的得失反而可以当成纯粹的经济账来算。既然汉武帝加大力度独尊儒术,那么在儒家的价值观里,以人为本才是人间正道,如果为了土地让人去做牺牲，那就很容易被视为暴政。

汉武帝放弃的"上谷之斗辟县造阳地"，看上去指的是上谷郡斗辟县境内一处叫造阳的地方。若这样理解，造阳只是一座县城的一个局部，显然是一块弹丸之地。这就更加令人费解了：巴掌大一点地方，留着也好，放弃也罢，又有什么所谓呢？但在《汉书·匈奴传》的结尾，班固发表了一通议论，提到汉帝国放弃的领土是"造阳之北九百余里"。如果与河套地区恢复蒙恬时代的"辟地千里"相比，这一得一失，仅从面积来看，竟相差无几。

经济账

"造阳之北九百余里"到底是哪片区域，今天已说不清了。大体而言，这里可能是滦河上游燕长城以北的突出地带，三面都受匈奴威胁，并且无险可守，索性不要了。[1] 看来汉武帝也会考虑成本问题。至于那儿的原住民，大概是被迁往了内地。之所以这样推测，原

---

[1] 郭声波《〈史记〉地名族名词典》："造阳，地域名。指滦河上游燕长城以北突出地，在今内蒙古自治区正蓝旗南（一说今河北省赤城县北）。战国时属燕国，秦代属上谷郡，汉武帝时弃与匈奴。"

因有两个：

第一，当时人口比土地值钱，即便是匈奴冲进汉帝国边境劫掠，标准动作也是抢人。

第二，在武帝的继承人昭帝时代，举行过一次影响深远的盐铁会议。一方是贤良文学，也就是儒家出身的候补官员，另一方是御史大夫桑弘羊，辩论汉帝国政治的走向问题。贤良文学总结武帝一朝的经验教训，认为武帝好大喜功，四处开疆拓土，全然不顾内地百姓的负担。桑弘羊在辩论中就拿周宣王开辟千里版图来举例，称赞武帝开疆拓土不过是为了降低防御成本，减轻老百姓的徭役负担，否则为何会主动"割斗辟之县，弃造阳之地"给匈奴呢？（《盐铁论·卷四·地广》）

主动放弃国家领土，在当时非但不会遭到口诛笔伐，反而被当成仁政来歌颂。在儒家的价值观里，到底要开疆拓土还是要放弃领土，只是技术层面的问题，判断的标准仅在于哪个方案对老百姓更好。

汉武帝放弃造阳九百里土地，也许未必真是为老百姓考虑，而是朝廷实在负担不起了——西南夷工程还未结束，唐蒙和司马相如一个比一个能折腾；东北的苍海郡工程也已让燕、齐两地吃不消；现在又有一个朔方郡的基建和移民问题，使整个关东地区扰攘不宁，所以武帝必须砍掉一些费力不讨好的边缘项目。

原文：

三月，乙亥晦，日有食之。

夏，募民徙朔方十万口。

当年三月，日食。

入夏之后，招募百姓十万人移居朔方郡。

徙茂陵

原文：

主父偃说上曰："茂陵初立，天下豪杰，并兼之家，乱众之民，皆可徙茂陵，内实京师，外销奸猾，此所谓不诛而害除。"上从之，徙郡国豪杰及訾三百万以上于茂陵。

操办一项如此规模的移民工程，按说应集中力量办大事，不该横生枝节，但主父偃又跳出来提建议，要把天下豪强地主迁到茂陵。这样，对内可以充实大长安地区的人口和财富，对外可以为天下郡国的普通百姓减压。武帝照例批准，要求郡国豪强以及家产超过三百万钱的人家移民茂陵。

主父偃的建议，其实没有半点新意，早在秦始皇时代就搞过，汉帝国开国以来也多次搞过。皇帝登基之后给自己修建陵墓，在陵墓周边设置聚居区，称为陵邑，然后或多或少给出优惠政策，迁徙全国各地的高门大户入住，这已是常规操作，怎么还轮得到主父偃特地提建议呢？

这个问题应该找不到确切答案。大概是因为景帝当年对这项传统做了柔化处理，给出了自愿选择的余地，而且每家每户都能拿到二十万钱的补助；[1] 而主父偃希望恢复刘邦时代的强硬传统，不管是谁，只要达到朝廷设定的标准，就必须搬家，没得商量。

这种政策显然是要整人，而整治的对象就是各地的豪强富户。回顾一下酷吏宁成的后半生：他在逃归家乡后，靠民间借贷买下一千多顷良田，租给几千户穷苦人家耕种。几年之后遇到大赦，宁成不但有了清白身份，还成了富甲一方的大地主。[2] 那么主父偃的政策一出，宁成这样的人就倒霉了——不管兼并了多少土地，一尺一寸都带不走，只能被连根拔起，到茂陵接受新的安排，让生活从头再来。

1　详见前文第037讲。

2　详见前文第058讲。

大侠郭解

原文:

轵人郭解,关东大侠也,亦在徙中。卫将军为言:"郭解家贫,不中徙。"上曰:"解,布衣,权至使将军为言,此其家不贫。"卒徙解家。

这次的大迁徙牵动着千万人的命运,《资治通鉴》把镜头聚焦在了关东大侠郭解身上。很难确定这个名字到底该怎么读,只能根据诗歌当中提到他时以"解"作为韵脚,将其读作郭解(xiè)。[1]

卫青在武帝面前替郭解说话,说移民名单肯定搞错了,因为郭解家里穷,并没有达到移民的财产门槛。没想到武帝一点不给卫青面子,说郭解只是一个普通百姓,却能让将军替他说话,足以证明他家不穷。郭解没办法,只能上路。

那么问题来了:郭解既然是一代大侠,怎么会穷呢?是卫青说谎了吗?郭解又是怎么搭上卫青这条线,让皇帝面前的大红人为自己说情的呢?

---

[1] 顾炎武有诗《重过代州赠李处士因笃在陈君上年署中》:"鲁酒千钟意不快,龟山蔽目齐都隘。却来赵国访廉颇,还到关中寻郭解。"这里的"解"和"隘"同属《平水韵》去声"十卦"。

《资治通鉴》完全没做解释，我们需要再次借助《史记》，当中有一篇《游侠列传》，专门记载汉代知名大侠的传奇人生，其中就有我们已经熟悉的朱家和剧孟。朱家在季布被通缉时冒着生命危险施以援手，[1] 剧孟为周亚夫平定"七国之乱"出过大力。[2]

有意思的是，朱家一门心思都扑在别人的事情上，救完这个救那个，反而对自家的产业不太上心，"家无余财"，生活也很简朴。剧孟的行为模式和朱家差不多，唯一不同的是剧孟好赌，死时"家无余十金之财"，就一位大侠而言，简直穷得不像话。朱家和剧孟如果活到武帝元朔二年，肯定都达不到移民茂陵的标准。

郭解也是这种情况，《史记》说他"家贫"，也就是说家里连小康标准都达不到，离三百万的财产门槛差得太远。所以，郭解其实拿不出钱来向卫青行贿，即便倾家荡产，他那点钱也入不了卫青的眼。但不知为何，卫青就是替他说话了。

从朱家、剧孟和郭解身上，我们可以看到历史上的大侠和小说里的大侠截然不同的样子。

---

1 详见《资治通鉴熊逸版》（第三辑）第138讲。

2 详见前文第031讲。

103

大侠郭解究竟是怎样一个人

大侠的影响力

为什么历史上的大侠不像小说里那样出手阔绰，反而都是穷人呢？原因很简单：大侠不太需要钱。

这并不是说大侠们通通清心寡欲，相反，他们不但要操心自家的事，还要十倍百倍地操心别家的事。他们的所作所为若换由普通人来做，需要无数的金钱，甚至花光金山银山也未必做得成。也就是说，钱能办到的事，他们不花钱就能办到；钱办不到的事，他们同样不花钱就能办到；甚至官府办不到的事，他们也能办到。大侠掌握的货币不是金银，而是个人的能量和社会影响力。

汉朝初年，将军季布以大侠出身。当时，楚地有一句民谚："得黄金百，不如得季布一诺。"（《史记·季布栾布列传》）意思是，得到季布的一句承诺，比得到一百斤黄金更有价值。季布假如可以到商品市场上出售自己的承诺，一日之内就可蹿升为全国首富。对比一下我们领教过的那些商业奇才，他们再怎么一本万利，在大侠面前也通通落了下乘。

那么问题来了：大侠就算本领再高，但到底是单枪匹马，又能有多大的影响力呢？

答案是：这样的人物，天然就有着强大的感召力。所以他们不仅是大侠，还是明星。无数人将他们奉为楷模，就像今天的追星族一样，掏心掏肺地要为他们效犬马之劳。

追星是刻在人类基因里的顽固天性。人天然会认准一个领袖，以惊人的热忱模仿他，为他奉献，并且自我感动，乐在其中。如果这个领袖是神，那就会形成宗教，产生宗教狂热。而在世俗性占了上风的汉代社会，人格神缺席，大侠自然就填补了这个生态位。

以躯借交

那么，大侠是怎么产生的呢？我们可以简单看看郭解的人生经历。

郭解家在轵（zhǐ）县，今天的河南省济源市东南，战国年间的刺客聂政就是这里人。文帝曾封舅父薄昭为轵侯，所以在郭解的青年时代，当地名义上的君主是薄昭的后人。郭解的家世有点传奇色彩，他的外公是一位我们已经熟悉的汉初名人——相术大师许负。许负的相术神乎其技，但不知为何，女婿竟然没选好。许负的女婿，也就是郭解的父亲，因为是任侠，在文帝时被官府处决了。年轻的郭解完全继承了父亲的任侠精神，快意恩仇，亲手杀死过不少人。司马迁抓住了郭解当时的两大特征：一是"短小精悍"，二是不饮酒。成语"短小精悍"就是这么来的。

这两大特征都和我们刻板印象里的大侠刚好相反。郭解并没有体能优势，也没有那种痛饮狂歌式的豪迈，只是够狠辣、够冷静。而他生活的时代，已不是秦汉之交那个任侠精神可以野蛮生长的时代。朝廷要推行法令，"侠以武犯禁"必然招致严厉打击，郭解的父亲就是这么死的。到了景帝时代，济南瞷（jiàn）氏和陈地周庸都以豪侠知名，景帝听说后，就派人把他们杀了。（《史记·游侠列传》）

但郭解并没有充分感受到时代的变迁，所以做尽了违法乱纪之事，其中最突出的一点，就是司马迁说的"以躯借交"——也就是为了交情，可以豁出性命替人家做事。至于做什么才需要豁出性命，无外乎就是杀人了。[1]"借交"从此成为一个文化语码。唐代诗人李瀚的《蒙求》有"郭解借交，朱家脱急"，两位大侠的行事风格就这样被高度浓缩了。

当然，为朋友拼命这种事不会常有，郭解在日常生活中还是要赚钱的。他这样的人，显然不会种田、经商，所以他的生财之道主要有三个：抢劫、铸钱和盗墓。按说一个人把作奸犯科当成家常便饭，时不时还要杀个人，这种生活怎么可能长久呢？更何况轵县不是遥远的边疆，而是中原腹地。郭解到底是怎么保平安的呢？

这一方面是因为他能力强，另一方面是因为他运气好，危难之际总能脱身，就算有时被捕，偏偏又遇到大赦。汉政府多次搞大赦，表面看是仁厚为怀，其实对于郭解这样的人来说，相当于变相鼓励他们违法乱纪。

---

[1] 钱锺书《管锥编》："聂政曰：'老母在，政身未敢以许人也。'"按此语全本《战国策·韩策二》。《游侠列传》言郭解"以躯借交，报仇藏命"，《货殖列传》亦言侠少"借交报仇"，则司马迁自铸伟词。《水浒》第十五回："阮小五和阮小七把手拍着脖项道：'这腔热血，只要卖与识货的！'""许身""卖血"似皆不如"借躯"之语尤奇也。

郭解转变

郭解年纪大了之后，不知为何，忽然间行为模式完全变了，不再好勇斗狠，而是以德报怨，默默调解纠纷，扶危解困。大概是因为这时的郭解已成为许多人的偶像，再和他人结怨，根本用不着自己动手，甚至不用动嘴，自然会有仰慕者替他杀人，还学他"事了拂衣去，深藏身与名"的做派，刻意不让他知道。

郭解还变得特别讲道理。有人杀了他的外甥，他在问明事情始末之后，知道是外甥不对，便放过了凶手。这样一来，他的追随者就更多了。

这时的郭解，俨然已是一位黑社会大佬。当他出行时，所有人都会避让。但偏偏有一个人，遇到郭解经过，竟然以箕踞的坐姿看着他，特别失礼。郭解身边的人当场就要行凶，但郭解说了一句反求诸己的话——自己在家乡不受人尊敬，要怪就只能怪自己德行不足，人家有什么错呢？

打听到那人的姓名之后，郭解暗中拜托县政府的公职人员，每次指派人手服徭役时都把他免掉。那人接连被免除徭役，莫名其妙，得知是郭解特意打过招呼的缘故，终于大受感动，登门谢罪去了。这件事又为郭解赚得了一波人气。

不知郭解身上为什么发生了这样的转变。民国年间，还珠楼主以《史记·游侠列传》为素材，写了一部武侠小说《游侠郭解》，设计出一个青年郭解抢劫前辈大侠剧孟的情节，说郭解是因为受到剧孟的感召，才从杀人越货的浑金璞玉变成"谦谦君子，温润如玉"。当然，郭解只是在邀买人心而已——要么是慷他人之慨，毕竟县政府总要找人服徭役，免掉了张三就只能去摊派李四；要么是慷国家之慨，让国家缺了一个劳动力，或缺了一份劳动力的钱。

这时的郭解，虽不是严格意义上的穷人，但也够不上富人的标准，而原因只有一个，那就是钱对他而言已可有可无了。偏偏武帝采纳了主父偃的意见，要将关东地区的豪强富户迁居茂陵。郭解虽达不到三百万钱的财产门槛，却是成名大侠、当地豪强，所以县政府不敢不把他列入搬迁名单。于是惊人的一幕出现了：当郭解启程时，前来送行的人凑出了一千多万钱，使他的财产远远超出了三百万。这才是藏富于民，到了真正用钱时，钱财可以随时到位。

这件事的意义可大可小：如果站在看客的角度，你会感叹郭解人缘好；而如果站在皇帝的角度，你则会觉得这简直是在赤裸裸地向自己示威。这时，就算郭解产生必要的危机感，也阻挡不了事情的走向。

抓捕郭解

原文：

解平生睚眦杀人甚众，上闻之，下吏捕治解，所杀皆在赦前。

郭解入关之后，关中地区有头有脸的人物，都争相赶来结交。司马迁就是这时亲眼见过郭解，说他其貌不扬、谈吐平平，但就是被大家追捧。而在轵县那边，人们打听出把郭解列入名单的是一名姓杨的小公务员，本地人杨季主的儿子。冤有头，债有主，郭解的侄儿便杀了这父子二人。杨家人千里迢迢到长安告御状，都已走到皇宫大门口，却还是逃不过一劫，不知被什么人杀了。

黑社会行凶，竟然杀到了天子脚下，事情不可避免地惊动了武帝。

武帝派人抓捕郭解，而郭解不愧是一代大侠，竟然带着老母亲，在人生地不熟的茂陵地区成功逃脱。然后，他把母亲安置在夏阳，又只身逃到临晋关。

郭解找到临晋关的籍少公，请他帮自己出关。史料并未交代籍少公到底是何许人也，应该是一个有名望的江湖中人。他并不认识郭解，但显然在他看来，郭大侠能在危难之际找自己帮忙，实在是给了自己天大的面子。于是在籍少公的运作之下，郭解顺利出关，进入太原郡境内。郭解凡有投奔，都会直言不讳地自报家门。推测起来，他是不想牵连那些帮自己脱困的人，等官差追问时，他们可以如实交代自己的行踪。[1] 结果，当官差追捕到籍少公家里时，籍少公竟然自杀了。这一下就断了官差们顺藤摸瓜的念头。所以，过了很久，逃犯郭解才终于落入法网。

---

[1] ［清］郭嵩焘《史记札记·卷五下》："冒，谓郭解冒昧自投也。所过必告主人家，乃追溯初亡时语言，将过某处，先告某人，吏至得指示某处以自脱，不为所累也。《汉书》作'过辄告主人处'，'家'字宜从《汉书》作'处'字为允。"

104

郭解为什么会被灭族

籍少公舍生取义,为素不相识的郭解争取到了宝贵的逃亡时间。当年张耳、陈馀、项梁、张良等人可以轻松逃出秦政府的缉拿,但现在汉朝建国已八九十年了,郭解终归没能逃掉。不过对汉政府而言,等抓到了郭解,真正的难题才刚刚开始。

郭解无罪

原文:

轵有儒生侍使者坐,客誉郭解,生曰:"解专以奸犯公法,何谓贤!"解客闻,杀此生,断其舌。吏以此责解,解实不知杀者,杀者亦绝莫知为谁。吏奏解无罪。

朝廷派遣使者,相当于一个专案组,到轵县调查郭解的所作所为。郭解的门客全在为他开脱,交口称赞，本地的一名儒生却忽然唱反调说："郭解就是一个违法乱纪之徒，如何称得上贤人呢？"

这真是祸从口出。儒生很快就被杀了，还被割断了舌头。

使者责问郭解，但他当时处于在押状态，确实不知情，而杀人凶犯就此销声匿迹，此案竟然成为悬案。那么问题来了：到底应该怎么给郭解定罪呢？

专案组经过严查发现，郭解在迁徙茂陵前所犯的杀人案都发生在大赦之前，也就是说，都已结过案了，不能翻出来重新追究。而从杨季主一家三口先后被杀到儒生之死，一共四条人命，郭解既未指使，也不知情。所以，结案的意见竟然是：郭解无罪。

可想而知，郭解的支持者们为了搭救他没少出钱出力，但这确实是一个秉公执法的结案意见，看不出有任何徇私舞弊的嫌疑。那么，折腾了这么久，死了这么多人，郭解真的可以无罪吗？

公孙弘之议

原文：

公孙弘议曰："解，布衣，为任侠行权，以睚眦杀人；解虽弗知，此罪甚于解杀之，当大逆无道。"遂族郭解。

就在这时，公孙弘提出了截然相反的看法，认为郭解不但有罪，而且有大罪，罪行的严重程度甚至高于谋杀罪，应当给他扣上一个大逆无道的罪名，理由是：郭解只是一介平民，却凭着个人意志行使政府的权力，裁决是非，定人生死，睚眦必报。那四人都不是郭解杀的，他也不知情，但他的所作所为显然比知情和亲手杀人的性质更为恶劣。

当时武帝身边的红人除了主父偃就是公孙弘，两人都是儒学专家的身份，主攻的方向都是《春秋》。这一时期的《春秋》学术领域，《穀梁传》和《左传》还未曾兴起，几乎是《公羊传》一家独大的局面，所以《春秋》专家约等于《公羊传》专家。公羊学的特点是：认定孔子著《春秋》，认为其字里行间藏着政治哲学的密码，需要后世学者和统治者深刻发掘，让真理得以彰显。也就是说，《春秋》当中貌似普普通通的一个字，都可能蕴藏着极其深刻的政治哲学，也就是所谓的"微言大义"。

以今天的眼光来看，绝大多数的"微言大义"都是煞费苦心的牵强附会。这意味着，公羊学家自然会练就一种特别擅长牵强附会的本领，可以把歪理都扭曲成光芒万丈的样子，一部《公羊传》可以被拿来证明任何观点。那么不难想见，在汉帝国的宫廷上，头脑灵光、心术不正，并且学术功力深厚的公羊学家，真的具备了指鹿为马的能力。

当年赵高指鹿为马，凭的是权势。如今公羊学家指鹿为马，却可以从学术经典中找依据，通过严格的论证证明鹿不是鹿，而是如假包换的马。理解公羊学的这个特点，是理解武帝一朝政治和法律运作的一个重要抓手。

在郭解案里，狡诈如公孙弘者一定看出了武帝心里暗藏的杀机。所以，他要做的就是给武帝找一个冠冕堂皇的理由，而郭解不但必须死，而且要大张旗鼓、有警示意义地死。

郭解灭族

在常规情况下，如果一个犯罪嫌疑人犯罪事实清晰，那么在进入关于判罚的讨论流程之后，无非是在对他的量刑轻重上有一点争议罢了。但我们看郭解案。专案组认为郭解无罪，那么既然无罪就应当开释。公孙弘认为郭解虽没有犯罪事实，却不但有罪，而且有滔天大罪，那么就应当处以最严厉的刑罚。公孙弘的意见最合武帝的心意，于是对郭解的量刑就不是简单的死刑，而是灭族。

从郭解案中，我们可以看到汉朝政治风格的转变：武帝朝以前，从汉高祖刘邦朝到汉文帝刘恒朝，开国功臣一直都有很大的政治发言权，事情往往要商量着来；到了景帝一朝，开国功臣凋亡殆尽，皇帝的发言权明显变大了；而到了武帝一朝，尤其等到田蚡死后，皇权真正有了至高无上的感觉，可以随意任命高级官员，而官员们也纷纷仰皇帝之鼻息，以擅于揣摩上意为能事。

武帝对此案的看法并不难揣摩——郭解杀没杀人并不重要，他即便全心全意积德行善，时时处处以德报怨，也一样该死。因为他对社会秩序的影响力本该是皇权所独享的，人们对他的爱戴、景仰和忠诚也本该只投射到皇帝一个人身上。郭解和郭解式人物的存在，会使大量的人，无论贫富贵贱，虽然生活在皇帝的土地上，却或多或少地摆脱了皇权的控制，是可忍孰不可忍。所以，郭解案必须严办，对江湖人士必须严惩。

生杀予夺

但是，严惩郭解的话，置法律的尊严于何地呢？

清代法律专家沈家本发表意见：公孙弘给郭解定的罪纯属莫须有。如果要给郭解扣上大逆无道的罪名，那么他的所作所为一定要威胁皇帝的安全才行。退一步说，即便要以强硬手段遏制任侠风气，处死郭解本人也就够了，哪至于杀郭解全家呢？公孙弘是公羊学专家，难道他并非依据法律断案，而是依据公羊学来断案吗？但公羊学中何曾有这样的道理！公孙弘真是公羊罪人啊！（［清］沈家本《历代刑法考·汉律摭遗卷一》）

对于公孙弘的做法，沈家本简直有点痛心疾首。但公孙弘若有机会反驳，其实可以从《公羊传》中找出理据。举一个比较熟悉的例子：《春秋》记载晋国人赵盾杀掉了国君（《春秋·宣公二年》），但《公羊传》对整件事的过程有详细交代：赵盾时任国家总理，国君晋灵公是一个大昏君，三番五次要杀赵盾，赵盾只好跑了。而赵盾的同宗兄弟赵穿利用民愤，杀掉了晋灵公，把广受晋国人民爱戴的赵盾接了回来。没想到，晋国史官在记录这件事时，把赵盾指认为弑君凶手。赵盾深感无辜，问史官凭什么信口雌黄。史官却有理有据地说："你身为国家总理，弑君发生时还在国境之内，回来后又没有惩治凶手，那么弑君的不是你又是谁呢？"（《公羊传·宣公六年》）

晋灵公之死，赵盾既没有亲自动手，也没有指使赵穿动手，更没有参与赵穿的计划，完全被蒙在鼓里。

直到赵穿杀死晋灵公，派人接赵盾回国都，赵盾才得知晋灵公的死讯。这些情况完全可以类比郭解案。结果，《春秋》这样的政治哲学权威教科书，竟采信了当时晋国史官的记录，把赵盾钉在了历史的耻辱柱上。在汉朝人的理解当中，孔子是所谓的"素王"，大约是无冕之王的意思，并没有实际的权力来对人实施判罚。假如他有这份权力，赵盾可就下场堪忧了。

在皇权的实际考量中，生杀予夺的权力，乃至谅解的权力，都必须掌握在皇帝手里。皇帝虽然操不了那么多心，但可以赋权给科层制中的各级官吏，而为了科层制管理模式的有效推进，民间越是一盘散沙越好。所以，别说是郭解，就算是金庸笔下的郭靖，也一样是该被铲除的黑社会头子。

史家评论

原文：

班固曰：古者天子建国，诸侯立家，自卿大夫以至于庶人，各有等差，是以民服事其上而下无觊觎。周室既微，礼乐、征伐自诸侯出。桓、文之后，大夫世权，陪臣执命。陵夷至于战国，合从连衡，繇是列国公子，魏有信陵，赵有平原，齐有孟尝，楚有春申，皆藉王公之势，竞为游侠，鸡鸣狗盗，无不宾礼。而赵相虞卿，弃国捐君，以周穷交魏齐之厄；信陵无忌，窃符矫命，戮将专师，以赴平原之急：皆以取重诸侯，显名天下，扼腕而游谈者，以四豪为称首。于是背公死党之议成，守职奉上之义废矣。及至汉兴，禁网疏阔，未知匡改也。是故代相陈豨从车千乘，而吴濞、淮南皆招宾客以千数；外戚大臣魏其、武安之属竞逐于京师，布衣游侠剧孟、郭解之徒驰骛于闾阎，权行州域，力折公侯，众庶荣其名迹，觊而慕之。虽其陷于刑辟，自与杀身成名，若季路、仇牧，死而不悔。故曾子曰："上失其道，民散久矣。"非明主在上，示之以好恶，齐之以礼法，民曷由知禁而反正乎！古之正法：五伯，三王之罪人也；而六国，五伯之罪人也；夫四豪者，又六国之罪人也。况于郭解之伦，以匹夫之细，窃杀生之权，其罪已不容于诛矣。观其温良泛爱，振穷周急，谦退不伐，亦皆有绝异之姿。惜乎，不入于道德，苟放纵于末流，杀身亡宗，非不幸也。

荀悦论曰：世有三游，德之贼也：一曰游侠，二曰游说，三曰游行。立气势，作威福，结私交以立强于世者，谓之游侠；饰辩辞，设诈谋，驰逐于天下以要时势者，谓之游说；色取仁以合时好，连党类，立虚誉以为权利者，谓之游行。此三者，乱之所由生也，伤道害德，败法惑世，先王之所慎也。国有四民，各修其业；不由四民之业者，谓之奸民。奸民不生，王道乃成。

凡此三游之作，生于季世，周、秦之末尤甚焉。上不明，下不正，制度不立，纲纪弛废；以毁誉为荣辱，不核其真；以爱憎为利害，不论其实；以喜怒为赏罚，不察其理。上下相冒，万事乖错，是以言论者计薄厚而吐辞，选举者度亲疏而举笔，善恶谬于众声，功罪乱于王法。然则利不可以义求，害不可以道避也。是以君子犯礼，小人犯法，奔走驰骋，越职僭度，饰华废实，竞趣时利。简父兄之尊而崇宾客之礼，薄骨肉之恩而笃朋友之爱，忘修身之道而求众人之誉，割衣食之业以供飨宴之好，苞苴盈于门庭，聘问交于道路，书记繁于公文，私务众于官事，于是流俗成而正道坏矣。

是以圣王在上，经国序民，正其制度，善恶要于功罪而不淫于毁誉，听其言而责其事，举其名而指其实。故实不应其声者谓之虚，情不覆其貌者谓之伪，毁誉失其真者谓之诬，言事失其类者谓之罔。虚伪之行不得设，诬罔之辞不得行，有罪恶者无侥幸，无罪过者不忧惧，请谒无所行，货赂无所用，息华文，去浮辞，禁伪辩，绝淫智，放百家之纷乱，壹圣人之至道，养之以仁惠，文之以礼乐，则风俗定而大化成矣。

郭解死了，《资治通鉴》大段援引班固和荀悦的评论，一言以蔽之：郭解罪有应得。

这也代表了司马光的意见。但若追溯到《史记·游侠列传》，就会感受到司马迁虽记录了郭解的各种罪行，字里行间却充满同情和敬佩。难怪班固认为司马迁"是非颇缪于圣人"，价值观存在严重的问题。生活在宋元之际的陈仁子有过一番评价：虽然游侠的所作所为未必完全合乎道义，但当时若没有这些人，很多被侮辱与被损害的人真的是有冤无处申，有苦无处诉。司马迁为游侠立传，大概也是有感于自己遭受腐刑时的那段绝望经历。（[宋]陈仁子《文选补遗·卷二十六·游侠传》）

假如陈仁子的看法没错，这就引出一个新问题：如果有人遭受霸凌，或父母遭受霸凌，却在公权那里始终寻不着公道，难道就只能一辈子忍气吞声，不管怎样都不可自行复仇或求助于游侠吗？

这是一个严峻的法律问题。对古代统治者而言，他们就算不在乎草民的生死，至少也要在乎"以孝道治天下"这面大旗不被乌云遮蔽。所以历朝历代，皇权对这类问题的态度总在摇摆。但无论如何，游侠都不在可容忍的范畴之内。

105
古人为什么觉得乱伦是重罪

揭发燕王

原文：

燕王定国与父康王姬奸，夺弟妻为姬，杀肥如令郢人。郢人兄弟上书告之，主父偃从中发其事。

在武帝元朔二年（前127年），主父偃还搞出过一桩大事：揭发燕王刘定国。

燕国都城蓟城在今天的北京市西城区南部，当时算是一个偏远的地方。燕国的归属权也几经易手：汉朝开国之时，刘邦封自己的发小、最信任的战友卢绾为燕王。后来，看着其他异姓王一个个被刘邦剪除，卢绾心里不禁七上八下；而刘邦也在各地平叛的过程中猜忌起卢绾。结果，卢绾叛逃匈奴，燕国改封给了皇子刘建。进入吕后时代，刘邦诸子一个个活得心惊肉跳。燕王刘建好不容易迎来正常死亡，但他没有嫡子，庶子又被吕后杀了，燕国很快从姓刘变成了姓吕。吕氏倒台之后，文帝改封原琅邪王刘泽为燕王。

到了景帝时代，燕国被削去五个郡，但毕竟还是一方诸侯，瘦死的骆驼比马大。然后刘泽传子刘嘉，刘嘉传子刘定国。也就是说，现任燕王刘定国是刘泽一系的第三代燕王。刘泽虽也姓刘，但早在刘邦时代就是所谓的"诸刘远属"，也就是勉强攀得上关系的远亲。刘泽原本追随刘邦作战，凭战功封侯，只是在机缘巧合之下，凭着一番坑蒙拐骗的运作，才跻身诸侯王的行列。等传到第三代，这一系和皇室的血缘关系早已不知出了五服多远。

刘定国若还有几分觉悟，又看得准几分趋势，就应该好好低调做人，但他偏偏是一个纨绔子弟。首先，他私生活不检点，和父亲的姬妾有了奸情，还生下一个男孩。

这种勾当在今天看来令人发指，但在古代上流社会其实见怪不怪。可是，刘定国还做出了更过分的事：霸占弟媳作自己的姬妾，还和自己的三个亲生女儿发生了关系。

事情发展到这一步，刘定国那个倒霉弟弟按说应该坐不住了。但弟弟若为报夺妻之恨，向朝廷告发哥哥，一来违背孝道，二来家丑外扬，三来一旦哥哥被国法制裁，燕国撤国为郡，他自己的利益也会受损，连喝汤的机会都没有了。所以，刘定国只要就此收手，至少还可以再逍遥一段时间。

但刘定国还想除掉一个名叫郢人的官员。前文提到过，郢人要告发他，刘定国先下手为强，派人找了一个罪名缉捕郢人，杀人灭口。但杀了郢人，并不等于真的灭口。郢人的兄弟向朝廷上书，揭发刘定国的罪行，纸里终于包不住火了。(《史记·荆燕世家》)[1]

在揭发刘定国一事上，主父偃立了大功，可惜史料并未记载他到底立了什么功，又是如何立的功。总之，因为此事和尊立卫子夫为后的功劳，朝廷大臣都怕了主父偃这张嘴，纷纷舍财要跟他搞好关系，不求他替自己做什么，但求他千万不要针对自己。(《史记·平津侯主父列传》)

禽兽行

原文：

公卿请诛定国，上许之。定国自杀，国除。

---

[1] 详见前文第099讲。

再看刘定国，罪行搞清楚了，问题就在于怎么定罪。《资治通鉴》的记载很简略：高官们一致认为刘定国该杀，武帝批准。刘定国倒也识趣，自杀了，燕国从此撤销。但《汉书》有一些细节，说高官们给刘定国议定的罪名是："禽兽行，乱人伦，逆天道。"意思是，刘定国做出了禽兽才有的行径，既乱伦，又逆天。（《汉书·荆燕吴传》）

所谓"禽兽行"，很可能是当时的一个法律术语。程树德先生归纳过汉朝被定为"禽兽行"的四则案例，都和淫乱有关。有一则案例源自《搜神记》，可靠性虽存疑，但案情实在匪夷所思：有三个男人合娶了一个老婆，生了四个孩子。后来这三个男人要分家，那么妻子该跟谁，孩子该跟谁，扯不清，于是到官府提起诉讼。判决最后由廷尉这一级做出，说这些人应该按照禽兽的标准来处置，孩子都归母亲，三个男人通通处死。（程树德《九朝律考》）

退一步说，即便这件事纯属虚构，但判决意见足以代表当时的主流道德观念。

在人类社会做出"禽兽行"，危害就是破坏人类的社会秩序"人伦"，而人伦的底层逻辑被认为是"天道"。所以"禽兽行""乱人伦"和"逆天道"听上去虽是三个罪名，但本质上是一回事。

我们看现代世界各国的法律，人伦已降格为世俗世界里自发形成的社会规范。天南地北各有各的规范，谁的规范都没有天道的背书。那么问题来了：成年人之间你情我愿，又不会对他人造成伤害的行为，就算违背了某时某地的公序良俗，该不该入罪入刑呢？这是一个法理上的争议问题——有自由主义基调的地方对此表示反对，有社群主义基调的地方表示赞同，莫衷一是。这就是多元化世界里永远无法摆脱的苦恼。

留意一下刘定国案的议罪重点："禽兽行，乱人伦，逆天道。"一连三个短语全都集中在乱伦问题上，杀人案反而没人关注。要知道刘定国杀的不是普通人，而是一名县令，而且杀人手段恶劣，滥用国法，以权谋私。这当然是重罪，但在古人眼里，它的恶劣程度没法和乱伦相提并论。

齐王乱伦

原文：

齐厉王次昌亦与其姊纪翁主通。主父偃欲纳其女于齐王，齐纪太后不许。

就在燕国南边不远，齐王刘次昌也在搞"禽兽行",和自己的姐姐纪翁主有了私情。其中又有主父偃的事。主父偃想把女儿嫁给齐王,而齐王的母亲纪太后不答应,惹来了主父偃的疯狂报复。

事情的详细经过还要归于《史记》:在齐国,纪太后很像当年的吕后,特别在意娘家人,于是让弟弟的女儿做了齐王刘次昌的王后。以今天的标准来看,这无疑是乱伦,但当时的人只觉得这是亲上加亲。无奈感情终归是勉强不来的,刘次昌对这个王后兼表妹就是不爱。纪太后为了解决这个难题,安排了自己的女儿,也就是刘次昌的姐姐纪翁主入住王宫,整肃后宫,严禁其他女人接近刘次昌。

纪太后的如意算盘是:儿子身边只要没有其他女人,他就只能去和王后亲热了。但万万没想到,刘次昌却和这位后宫主管——自己的亲姐姐——燃起了干柴烈火。

需要交代一下:纪翁主这个称呼容易让人误以为她是一个姓纪的姑娘,但其实她和刘次昌一样姓刘,是一母同胞的亲姐弟。当时的称谓系统正处在一个变革阶段,所以有很多乱象。诸侯王的女儿称为翁主,纪太后姓纪,她的女儿便随母亲被称为纪翁主。这就像汉武帝的姑妈兼岳母刘嫖明明姓刘,却随母亲窦皇后而被称为窦太主一样。

现在有一个新角色要出场了：齐人徐甲。在古汉语里，跟在姓氏后面的"甲"通常并不是名字，而是"某人"的意思。所以徐甲就是徐某人。我们只知道他姓徐，不知道也没必要知道他叫什么。徐某是一个宦官，离开齐国到长安伺候王太后，很受王太后的宠爱。前文讲过，王太后在入宫之前就嫁过人，生过一个女儿。武帝即位之后，把这个从未谋面的同母异父姐姐从民间接了回来，让王太后与其母女相认，又封这个姐姐为修成君。[1]

王太后对修成君非常有歉疚感，总想补偿这个女儿。而修成君也有了自己的女儿，名字叫娥。王太后自然很关心外孙女的婚事，想把她嫁给诸侯王。徐某很想做成此事以博取功劳，当即请缨，出使齐国，一定要让齐王刘次昌迎娶娥。

娥是王太后心爱的外孙女，嫁给诸侯王，只可能做王后，不可能做嫔妃。但齐王早已有王后了，就算徐某信息不灵通，王太后也不可能不知道。所以，徐某大概很清楚齐王和王后不和，自己有机会见缝插针，说服齐王废掉王后，改立娥为王后。这样，齐王攀上了王太后这根高枝，王太后也如愿把外孙女嫁给了诸

---

[1] 详见前文第063讲。

侯王，应该是一个皆大欢喜的局面，没可能不成功。但是，这个计划是否漏了什么重要环节呢？主父偃在其中又扮演着怎样的角色呢？

106

主父偃是怎么当上齐相的

要撮合齐王与娥这门亲事,有一个关键要素徐某竟然没想到,那就是齐王的母亲纪太后的态度。齐王刘次昌当然很想离婚,甩掉那个母亲硬塞给自己的讨厌王后,就算对新王后也不喜欢,至少后宫里还有其他女人,母亲总不可能再逼着自己必须喜欢新王后吧?但刘次昌虽贵为齐王,在这件事上却做不了主。

在古代社会,婚姻的意义是"结两姓之好",也就是家族之间搞结盟,程序上也必须是"父母之命,媒妁之言"。这就意味着,徐某作为媒人,一整套媒妁之言没法跟齐王讲,只能跟纪太后讲。

纪太后之怒

主父偃在得知徐某即将出使齐国后,特地拜托他,如果这门亲事成了,希望他再替自己说句话,让自己的女儿能进齐王后宫当嫔妃。

站在徐某的角度来看，主父偃的拜托是他这项使命的加分项——要知道主父偃也是齐人，而且如今是武帝面前的大红人。通过这门亲事，齐王不但能攀上王太后的高枝，还能和主父偃建立同盟关系，换谁都会求之不得。

没想到，徐某到了齐国，竟然狠狠地碰了钉子。

纪太后勃然大怒，撂下一番狠话："齐王明明有王后，后宫嫔妃也满员，凭什么要来无事生非？徐某原本只是齐国境内的一个破落户，入宫当了宦官，去长安侍奉汉国，不做好事也就罢了，偏偏要对我们齐国王室使坏。那个主父偃，他算什么东西，也配把女儿送进齐王后宫吗？"

如果这段记录足够准确，那么它可以透露出几个有意思的信息。首先，纪太后对长安皇室的称呼是"汉"，显然并不以汉人自居，而是依旧站在齐国本位，把皇帝直辖区当成汉国看待。这应是旧观念和旧有语言习惯的遗存。武帝深化中央集权的改革，因此显得任重而道远。其次，从徐某的出身来看，按照《史记》的文本，"齐贫人，急乃为宦官"（《史记·齐悼惠王世家》），他是齐国本地的穷人，走投无路，于是做了宦官。至于怎么做上的，想来是主动接受了阉割手术。[1] 余华清先生在《中国宦官制度史》里有一句简单概括："中国历史上的宦官，以隋唐时期为界限，前期主要来源于宫刑罪犯及宫刑战俘，后期则主要来源于'自宫'，即民间私行阉割者。"这就意味着，徐某这种因贫困而主动净身、绝了后路的人，在汉朝并不是主流。

纪太后这番话，若说犯了什么错，那就是没能以发展的眼光看问题。徐某和主父偃都是齐国本地人，出身都很低贱，但这已是过去式。如今徐某是王太后眼前的红人，主父偃更是武帝眼前的红人，他们的硬实力虽不值一提，但论软实力，纪太后真惹不起。而且纪太后没搞明白的是，徐某即便再不入流，此行代表的也不是他自己。

其实，纪太后的初心，只不过是想为娘家人多争取一点利益，但她执念太深，儿子偏偏又不听安排，这才导致一步错，步步错。按说就算齐王刘次昌改立王后，纪家人在齐国也不过是逐渐淡出外戚行列，纪太后的亲生骨肉总还可以照享荣华富贵，生儿育女，国祚绵延。但纪太后不妥协，最后把亲儿子都搭了进去。皮之不

---

[1] 有学者认为"急乃为宦官"的"乃"是衍字，"急"同"及"，可备一说，详见王叔岷《史记斠证·齐悼惠王世家》。

存，毛将焉附，纪家人的靠山也要连根拔起了。

徐某复命

徐某衔着橄榄枝，千里迢迢来到故乡齐国，本以为这样的好事会一拍即合，没想到在纪太后这里碰了一鼻子灰。这时他想起自己在王太后面前夸下的海口，怎么有脸回去交差呢？

思前想后，徐某选择了很多职场人在此境况下都会选择的方案：利用信息差，稍微篡改一下真实信息再去汇报。要证明，事情没办成，既不是因为自己判断有误，也不是因为自己办事不力，实在是因为突然出现了不利的客观因素，有必要改弦更张。于是，徐某向王太后汇报说："齐王是愿意的，但是……"

"但是"后面的话，《史记》说"然有一害，恐如燕王"，意思显得模棱两可。也许主语是齐王，他听说燕王刘定国才因为"禽兽行"而被迫自杀，担心自己也会落到这般田地；也许主语是徐某，他暗示王太后，说这次自己出使齐国，发现齐王刘次昌和燕王刘定国一样不是好东西，也有"禽兽行"。如果王太后当真把外孙女嫁给这等人，恐怕将来不好收场。

总之，这样一讲，徐某不但无过，反而有功——多亏他及时发现了以前不了解的新情况。王太后自然改了主意，一桩糟糕的姻缘不曾开始就侥幸结束了。不过，王太后即便没打算对齐国做什么，至少对齐王一家人不会再有任何好感。

偃拜齐相

王太后可以轻信徐某的话，也可以轻轻松松把事情翻篇，但主父偃眼里不揉沙子——他可是一个恩怨分明、睚眦必报的狠角色，哪里受得了这样的羞辱？

原文：

偃因言于上曰："齐临淄十万户，市租千金，人众殷富，巨于长安，非天子亲弟、爱子，不得王此。今齐王于亲属益疏，又闻与其姊乱，请治之！"于是帝拜偃为齐相，且正其事。

于是，主父偃又来给汉武帝献计献策了，说齐国都城临淄是一座十万户规模的繁华城市，人和钱比长安还多，所以齐王这一岗位必须是皇帝最亲的兄弟或儿子才能担任，可现在这位齐王和皇室的血缘关系太疏远了。回顾过往，早在吕后时代，齐国就要造反；

景帝时代，齐国差一点加入叛军。如今，又听说现任齐王和亲姐姐有奸情。请让我去整治一下吧。

主父偃这番话听上去全在为皇帝和江山社稷着想，满怀赤胆忠心。于是武帝拜主父偃为齐相，去齐国整肃风纪。那么问题来了：主父偃对临淄的描述有没有夸大其词呢？难道临淄的城市规模和繁华程度真的超过了长安？

按说主父偃就是临淄本地人，朝廷每年也会更新户口档案，他没道理在这件事上撒谎。但很遗憾，见诸史料的最早的全国户口数据要等到西汉末年才有，主要集中在汉平帝元始二年（公元2年），此前的人口数据并没有流传下来。

假如主父偃说的是实话，那就意味着临淄是武帝时代的第一大城市。临淄后来被划入齐郡，历史学家葛剑雄分析：元始二年，齐郡的总户数有确切数字，是154826户。如果那时的临淄依然保持着十万户的规模，那么齐郡另外的十一个县城，每县平均不足5000户，低于周围郡国和全国各县的平均数。这就意味着，临淄和齐郡的人口在此期间非但没有增长，反而减少了。（葛剑雄《西汉人口地理》）这样看来，要么临淄所谓十万户的规模带有夸张成分，要么临淄富户不断被迫前往关中，本地的人口衰减严重。

无论如何，早在春秋时代，临淄就已是以繁华著称的东方大城，诞生了"摩肩接踵"这个成语。进入战国时代，临淄依然被形容为"车毂击，人肩摩"（《战国策·齐策一》），也就是车挨车，人挤人。以至于从秦始皇时代开始，直到主父偃建议移民茂陵、引出郭解案为止，朝廷不断将关东大族富户迁入关中，基本上每换一个皇帝都要在关东地区割一茬韭菜，临淄自然是最受移民政策影响的重灾区。即便如此，它还能保持十万户的人口规模，简直是个奇迹。

但事情也可以有另一种解释，那就是史料当中的"七"和"十"因为字形相近，所以经常混淆，所谓"十万户"其实是"七万户"。当然，即便是七万户的规模，当时的临淄也足以堪称东方重镇。十年之后，武帝封爱子刘闳为齐王，对刘闳的母亲王夫人说："齐国东临大海，城郭比别处都大，古时只有临淄城达到十万户的人口规模，天下膏腴之地莫过于齐国。"（《史记·三王世家》）武帝竟然把最宝贝的儿子封为齐王，看来主父偃在十年前提出的意见，虽然包藏了私心，但完全摸准了武帝的心思。

107
主父偃是怎么被灭族的

主父偃以新任齐相的身份衣锦还乡,肩负着整肃齐王私生活的官方使命。当然,更重要的是,主父偃曾积极示好,想把女儿送进齐王后宫做个嫔妃,没想到热脸贴上了冷屁股,被纪太后狠狠羞辱了一顿。如果此仇不报,那就太对不起他"吾日暮,故倒行逆施之"的人生信条了。

在《史记》里,主父偃重返家乡,引发了一场人情地震。他的做法很绝,召集亲友,一出手就散掉了五百斤黄金。当时的一斤大约合今天的半斤,这不是一般的大手笔。主父偃这样高调散财,看起来是血浓于水,亲人和乡邻之间大可一笑泯恩仇,但剧情若真的如此发展,那就太不符合主父偃的人设了。

果然,主父偃散完钱财,看气氛酝酿到位,开始语出惊人:"当初我贫困时,你们不给我衣食,不让我进门;如今我当了齐相,你们热烈欢迎,甚至跑到千

里之外去迎接我。现在，我宣布与你们绝交。你们这些货色，从此别再进我的门！"（《史记·平津侯主父列传》）

就这样，主父偃搞了一场精彩的行为艺术。他这几十年算是看明白了：同胞、兄弟、血浓于水、骨肉相连……别来这套，我就要做一个精致的利己主义者。散掉五百斤黄金，相当于说"我主父偃从此不欠你们任何人的了"。

齐王自杀

原文：

偃至齐，急治王后宫宦者，辞及王；王惧，饮药自杀。

等痛痛快快出完这口恶气，主父偃拿出霹雳手段，着手查证齐王刘次昌和纪翁主的奸情。

这种案子很容易查，毕竟齐王宫里那么多人，不可能没人知情。而这些知情人也只是普通的宦官、宫女，不是当年赵王张敖身边的那些盖世英豪。换句话说，即便刘次昌姐弟是清白的，主父偃也不难做成铁案。刘次昌毕竟年轻，又生于深宫之中，长于妇人之手，哪里受过这种惊吓，禁不住越想越怕，索性服毒自杀了。

以当时人们对"禽兽行"的深恶痛绝，刘次昌的死不算冤枉。但他这一死，留下了一个不大不小的难题：他没有继承人。

前文讲过，刘次昌不喜欢母亲硬塞给自己的王后，纪太后偏要牛不喝水强按头，派女儿纪翁主对齐王后宫严防死守，不让刘次昌和妃嫔们亲近。没想到纪翁主李代桃僵，发生了一场姐弟恋，导致刘次昌既没机会和王后生出嫡子，也没机会和妃嫔生出庶子。[1] 所以刘次昌一死，齐国竟然绝后了。(《史记·齐悼惠王世家》)

赵王上书

原文：

偃少时游齐及燕、赵，及贵，连败燕、齐。赵王彭祖惧，上书告主父偃受诸侯金，以故诸侯子弟多以得封者。及齐王自杀，上闻，大怒，以为偃劫其王令自杀，乃征下吏。偃服受诸侯金，实不劫王令自杀。

---

[1] 详见前文第 105 讲。

兔死狐悲，物伤其类，主父偃在齐国耀武扬威时，不远处的赵王早就坐不住了。

当年主父偃落魄时曾游历燕赵，当然，从没得到过善待。等到他扬眉吐气，一出手就收拾了燕王刘定国，撤销燕国建制，再一出手又收拾了齐王刘次昌。赵王肯定担心主父偃的下一个目标会不会就是自己。

赵王是景帝之子刘彭祖，和武帝的血缘很近，是同父异母的兄弟。当年原赵王刘遂参与"七国之乱"，畏罪自杀，景帝改封亲儿子广川王刘彭祖为赵王。赵国这样的重要地区，必须有靠得住的人掌控才行。不过，刘彭祖虽是景帝的亲儿子，却品行低劣，在赵王任上做尽了坏事。[1]估计刘彭祖的盘算是：看看燕王刘定国，再看看齐王刘次昌，再怎么禽兽不如，比起自己来简直就是白莲花。主父偃小人得志，下一轮屠刀大概要砍到自己头上，不如先下手为强。于是，刘彭祖趁着主父偃离开长安，派人进京告御状，检举他收受诸侯王的贿赂，使很多诸侯子弟都有了封地。

史料并未给出更多细节。推测起来，主父偃推行推恩令，可能有公私两便的意义——于公，强化了中央集权；于私，很多原本无缘继承权的诸侯子弟会念

---

[1] 详见前文第037讲。

及自己的恩情，甚至还会主动巴结自己——真是两全其美。这就是主父偃聪明的地方，大着胆子收受贿赂，徇私枉法，却没有损公肥私，就算事情败露，皇帝也不会真的怪罪自己。

事情原本应该按照这个逻辑发展，但齐王刘次昌的自杀是个意外，而这彻底改变了事情的走向。

史料记载，武帝盛怒之下，认为是主父偃逼死了齐王，刚好赵王刘彭祖检举揭发主父偃贪污受贿，那就并案调查。主父偃坦白交代了受贿之事，但不承认逼齐王自杀。这倒不是避重就轻，只是如实交代而已。

于情于理，武帝的盛怒很可能只是故作姿态。毕竟武帝很欣赏主父偃的才干，和齐王也谈不上有什么感情，之所以发火，最多不过是怪主父偃办事没分寸，所以吓唬一下他，同时向天下人装装样子。

主父偃灭族

原文：

上欲勿诛，公孙弘曰："齐王自杀，无后，国除为郡入汉，主父偃本首恶。陛下不诛偃，无以谢天下。"乃遂族主父偃。

眼看着主父偃在小小受挫之后马上又可以生龙活虎了，但不怕没好事，就怕没好人——公孙弘轻轻一句话就改变了武帝的心意，要了主父偃的命。

公孙弘说："齐王自杀，没有继承人，齐国只能撤销编制，纳入郡县。主父偃作为首恶，不杀不足以谢天下。"这话说得比较含蓄，意思就是：如果不杀主父偃，世人会认为齐王是武帝逼死的，为的是霸占齐国地盘。所以，只有杀了他，武帝才能撇清嫌疑，不会被人在背后戳脊梁骨。再直白一点，就是不管主父偃该不该死，都必须去当替罪羊。

就这样，主父偃被杀，而且全族被灭。主父偃实现了他"吾生不五鼎食，死即五鼎烹耳"的豪言壮语。尤其吊诡的是，若只是他一人被杀，想到自己的悲剧成为亲戚乡邻茶余饭后的谈资，想到被这些势利眼幸灾乐祸，他大概会满心不甘。但是，他们中那些和自己血缘最近的人竟然也要为自己陪葬，以后再没机会笑话自己了，也算痛快。只是在面对子女时，主父偃多少会有些愧疚吧。

这就是一代草根才子的命运——其兴也勃焉，其亡也忽焉，皇帝只要想杀他，可以手起刀落，不费吹灰之力。对比那些树大根深的人物：比如周勃入狱，那么多人为他打点关系；到了周亚夫这一辈，景帝治他一死也并不轻松；而在武帝一朝，窦婴也好，灌夫也罢，死前都有好一番挣扎。那么站在皇帝的角度，他们当然要多多启用主父偃这样的人，毕竟这是最顺手的。再看公孙弘，他出身其实和主父偃差不多，甚至算得上半个老乡，并且同样有儒家《春秋》的学术背景。那么从常理来看，他们本该惺惺相惜、互相帮扶才对。但在名与利的鳄鱼潭里，越是相似的人，越容易水火不容。

司马迁特意记了一笔：主父偃飞黄腾达时，宾客有几千人。等到他失势灭族，所有人作鸟兽散，只有一个叫孔车的人为他收尸下葬。武帝听说后，并没有气急败坏，反而称赞孔车是一位长者。（《史记·平津侯主父列传》）武帝能有如此超然的态度，说明他对主父偃并非真的怀有恨意，非要灭族泄愤不可。而主父偃既然死得如此大张旗鼓，自然就背起了一整口黑锅，齐国就这样除国为郡了。

事情发展到这一步，不知纪太后是否后悔自己当初的执拗呢？

司马迁把公孙弘和主父偃合写在一篇传记里，最后有"太史公曰"，却并未点评主父偃的优劣与得失，仅仅感叹了一句：主父偃得势时，大家交口称赞，而当他身败名裂时，人们争先恐后揭他的短，真是可悲啊。(《史记·平津侯主父列传》)也许在司马迁眼里，主父偃的人生浮沉已无足轻重，重要的是由他的人生浮沉所牵出的世态炎凉。一个良善的社会似乎不该如此，但"世情薄，人情恶，雨送黄昏花易落"，这就是冷冰冰的现实，不以人的喜怒和好恶为转移。

孔子后人

原文：

张欧免，上欲以蓼侯孔臧为御史大夫。臧辞曰："臣世以经学为业，乞为太常，典臣家业，与从弟侍中安国纲纪古训，使永垂来嗣。"上乃以臧为太常，其礼赐如三公。

主父偃被灭族的同年，朝廷中发生了一个小小的人事变动：御史大夫张欧卸任了。

张欧和周仁、晁错一样，是景帝做太子时的亲信，在景帝登基之后受到重用。他在高级岗位上做了这么多年，终于该退下来了。武帝想让蓼(liǎo)侯孔臧补张欧的缺，但孔臧推辞说："我的专业领域是儒家经典，不如让我做太常，管理祭祀事宜，这是我们孔家的家族事业。我愿与我的堂弟孔安国一道，整理儒家经典，造福千秋万代。"于是，武帝任命孔臧为太常，给他三公级别的礼遇。

孔臧和孔安国都是孔子的后人，传承孔门学术，后来孔安国更是成为一代宗师。但孔臧的蓼侯头衔和儒学并无半点关系，而是他从父亲孔聚（cóng）那里继承来的。孔聚当年在刘邦麾下南征北战，凭军功封侯，属于汉朝开国军功侯中的一员。刘邦和项羽最后决战时，在汉军战阵的第一线，居中的是韩信，而左翼部队正是由孔聚指挥。

作为孔子的后人，他们在战乱之中能武，太平年景能文，不失先秦时代的贵族本色。

孔臧拒绝了实权职位御史大夫，甘愿坐冷板凳去主持礼仪、整理文献，应当是出于真心。他若真的做了御史大夫，去应对纷繁复杂的事务和各种公孙弘、主父偃式的人物，大概不会得到善终。从这一角度来看，孔臧也算既识时务，又有自知之明。

元朔二年的大事件到此为止。

汉武帝元朔三年

---- 108 ----

朱买臣是如何登上历史舞台的

原文:

(三年)

冬,匈奴军臣单于死,其弟左谷蠡王伊稚斜自立为单于,攻破军臣单于太子於单,於单亡降汉。

这一讲进入新的一年,武帝元朔三年(前126年)。这一年的核心是匈奴问题。

年初,"匈奴军臣单于死"。匈奴的历代单于,不论是英明神武还是平平常常,不论是否和汉帝国正式建交、缔结和亲关系,过世时在史料上都只是一个"死"字——没有"崩",没有"薨",没有"卒"。

军臣单于一死,按照常规应由太子於单继位,但偏偏出了乱子,军臣单于的兄弟左谷蠡王伊稚斜自立为单于。匈奴因此爆发内战,伊稚斜击败於单。而於单这个本该继承单于大位的人,竟然在兵败之后逃亡到汉帝国境内,投降了。《汉书》记载,於单在当年四月受封涉安侯,五月就死了。(《汉书·景武昭宣元成功臣表》)因为他死时有侯爵头衔,这突如其来的死亡就不再是毫无规格的"死",而是高规格的"薨"。

罢仓海郡

原文:

以公孙弘为御史大夫。是时,方通西南夷,东置苍海,北筑朔方之郡。公孙弘数谏,以为罢敝中国以奉无用之地,愿罢之。

孔臧拒绝之后,御史大夫这个实权职位就落到了公孙弘头上。做到御史大夫,距离丞相就只有一步之遥了。

当时汉帝国正在三个方向开疆拓土——西南方向,唐蒙和司马相如开通西南夷,添了一个犍为郡;东北方向，东夷薉君南闾带着二十八万人归附，汉帝国连人带土地通通接受，在当地设苍海郡；正北方向，卫青将匈奴势力逐出河套地区，然后由主父偃提议，苏建统筹操作，在当地设朔方郡，营建朔方城。每一个方向都是长年累月的浩大工程，人力物力被用到极限，天下扰攘，民怨沸腾。更要命的是，哪一边的工程都望不到头，而在可预见的将来，即便工程结束，也看不出汉帝国有何收益。所以公孙弘多次建议，这些费力不讨好的事还是赶紧叫停，及时止损。

那么工程到底该不该叫停，就需要讨论一下。

原文：

天子使朱买臣等难以置朔方之便，发十策，弘不得一。弘乃谢曰："山东鄙人，不知其便若是，愿罢西南夷、苍海而专奉朔方。"上乃许之。春，罢苍海郡。

正方代表以朱买臣为首，说设置朔方郡有诸多好处，然后抛出十个议题。公孙弘竟然哑口无言，连一个都无法驳倒。这时反而凸显出公孙弘的特长——特别输得起。他用道歉的语气说："我就是一个关东地区的乡下人，没见识，实在没想到设置朔方郡能有这么多益处。我希望可以停止西南夷和苍海郡的工程，全力以赴建设朔方郡。"

武帝批准了。于是就在当年春天，苍海郡工程叫停，犍为郡的问题稍后再做处理。

这样一看，公孙弘倒也没输，只是做了妥协，给足了武帝台阶而已。以公孙弘的水平，他未必真的对付不了朱买臣，可能只是故意示弱罢了。

家贫向学

这是朱买臣在《资治通鉴》里第一次出场。他是一个传奇人物，也是民间故事"马前泼水"的主人公。我们可以借助《汉书》看一看他的身世。

朱买臣是会稽郡吴县人，庄助的同乡。在步入官场之前，因为家里太穷，朱买臣两口子只能靠砍柴、卖柴来维持生计。但偏偏朱买臣爱读书，全然不在赚钱方面用心思，就连挑着柴禾赶路时也不忘大声读书。朱太太挑着柴禾跟在丈夫身后，告诉他好好挑柴，别冒充读书人丢人现眼。哪里想到，朱买臣越发读得起劲了。

久而久之，朱太太觉得这日子实在没法过，就和朱买臣商量离婚。朱买臣笑了："我五十岁之后注定富贵，现在已四十好几，快了。你跟着我吃了这么多年苦，不如再等等，等我富贵之后，有你的好日子过。"

听了这话，朱太太火冒三丈："你这种人就是在路边饿死的命，别做富贵梦了！"

朱买臣见妻子去意已决，也就由她了。后来朱买臣继续过着一边挑柴一边读书的生活，只是身边再没有女人来烦他。朱太太改嫁了，有一次和丈夫一起在坟地里偶遇前夫，看朱买臣那副饥寒交迫的可怜相，就叫他过来一起吃了顿饭。

几年之后，朱买臣动身前往长安，去寻找他的命中富贵。

命运转机

那么问题来了：朱买臣穷成这样，哪儿来的路费呢？

这就要说到当时的上计制度了——地方政府每年都要派人到京城汇报工作，户口数据、财政数据等都是这时提交的。上计吏员长途跋涉，随身要带很多东西，需要一种运输车，叫作辎车或重车，所以车里装的物资就叫"辎重"。朱买臣想办法当上了上计吏员的车夫，就这样驾着重车来到长安，把自己的文章投递给了皇帝。

当然，文章不可能直接交给皇帝，而是交到未央宫正门之下的公车署，相当于皇家的传达室。第三辑里讲过，公车司马令就是皇家传达室的主管，所以才会有著名的"公车上书"事件——普通人无论是想直接向皇帝提意见，还是鸣冤、集体请愿，或者毛遂自荐，都需要把材料交给公车司马令，再由他上呈皇帝。[1] 任何材料上交之后，皇帝会不会看，什么时候才看，看过之后有没有兴趣，就是赌运气的事了。朱买臣运气不太好，久久等不到消息，马上又该饥寒交迫了。幸好同来的上计吏员接济他，使他还能再熬些天，终于，真正的幸运降临了：武帝身边的红人庄助是朱买臣的老乡，为朱买臣争取了一个被召见的机会。朱买臣在武帝面前说《春秋》，谈《楚辞》，表现出色，被拜为中大夫，和庄助一道做了武帝身边的顾问官。于是，朱买臣这才有机会和公孙弘辩论朔方郡问题，胜利完成使命。（《汉书·严朱吾丘主父徐严终王贾传》）

---

[1] 详见《资治通鉴熊逸版》（第三辑）第230讲。

底层夫妻

司马光并不关心朱买臣的出身,因为这点市井小事无关"资治"。班固撰写的是一朝正史,按说同样没道理记载朱买臣的夫妻矛盾。但无论如何,正是因为这一点记载,让我们有机会看到当时底层小夫妻的生活状态,看到女人可以因为嫌弃丈夫而主动提出离婚。不过,这种事情在唐宋以后就非常罕见了。

以今天的观念来看,朱太太想离婚,简直天经地义。她只是一名很普通的民间妇女,既没有嫌贫爱富,也不曾对丈夫有多高的要求,甚至在离婚之后还顾念旧情,让前夫吃了一顿饱饭。朱买臣爱读书,但凡关起门来读,朱太太估计也不会有多大意见,偏偏他那么高调,那么造作。朱太太要的只是普普通通的挑担劈柴、周游市场,朱买臣要的却是面朝大海、春暖花开。

可是,朱买臣在五十岁高龄真的等来了春暖花开的那一天,而父权社会和儒家伦理也越来越容不得妻子嫌弃丈夫,这就使朱买臣的形象越发高大,朱太太则变成鼠目寸光的丑角。李白也有过类似的遭遇。他也像朱买臣一样,离家去长安赌运气,在离家时还写了一首诗:"会稽愚妇轻买臣,余亦辞家西入秦。仰天大笑出门去，我辈岂是蓬蒿人。"（《南陵别儿童入京》）意思是：当年的朱太太是个蠢货，小看了丈夫的本事。我李白家里的女人也是这路货色，所以我也像朱买臣一样离家进京去了。我是仰天大笑出的门，迎接我的将是和朱买臣一样的璀璨未来。笨女人啊，将来可有你后悔的时候！

后来朱买臣衣锦还乡，和前妻还有一场极具戏剧性的重逢。这里暂且不提。

109

公孙弘如何为自己的粗食麻衣辩解

过分简朴

原文:

弘为布被,食不重肉。汲黯曰:"弘位在三公,奉禄甚多,然为布被,此诈也。"上问弘,弘谢曰:"有之。夫九卿与臣善者无过黯,然今日廷诘弘,诚中弘之病。夫以三公为布被,与小吏无差,诚饰诈,欲以钓名,如汲黯言。且无汲黯忠,陛下安得闻此言!"天子以为谦让,愈益尊之。

公孙弘才被朱买臣驳到哑口无言,马上又遇到汲黯来补刀。汲黯是朝廷重臣,身份远不是朱买臣能比的。而朱买臣就算词锋犀利,也只是就事论事而已。汲黯却一出手就是人身攻击,指控公孙弘是一个奸诈小人。

汲黯说"夫以三公为布被",意思是:公孙弘位列三公，俸禄多得很，却只盖粗布被子，这不是沽名钓誉吗？

所谓"布被"，可能是粗布被子，也可能是粗布的下裳，总之是说公孙弘的生活过分简朴了。

武帝转头去向公孙弘求证。公孙弘很坦诚，回答也很巧妙："是有此事。在高级干部里，就属汲黯和我关系最好，今天他在朝堂上当面批评我，确实说中了我的短处。假如不是汲黯忠心，陛下是不可能听到这些的。"

这真是极高明的以退为进。公孙弘应该很清楚，那些普通人眼里容不下的缺点，在皇帝眼里往往不算什么，像贪赃枉法、收受贿赂、私生活不检点之类的，坦然承认反而容易博取好感，如果真的扮演道德完人，那才会招致皇帝的忌惮。

公孙弘是会说话、会做官的人，这番话让武帝很欣赏他的谦卑精神，从此越发优待他。那么问题来了——公孙弘那么多的俸禄都用去哪儿了？他盖布被有什么不对的吗？

粗食麻衣

首先可以肯定的是,公孙弘的生活确实很节俭,不单纺织品只用最普通的粗布,就连伙食也不讲究。司马迁说公孙弘"食一肉脱粟之饭"(《史记·平津侯主父列传》),肉菜只有一个,米只是简单脱壳的粗米。也就是说,在"衣食住行"的"衣食"两项上,公孙弘的日子除了能吃上肉食之外,和普通百姓并无多大差别,只是粗粮管饱、粗布管够而已。

记录西汉年间长安地区风土人情和奇闻轶事的《西京杂记》,说公孙弘从平民起家,当上了丞相,老朋友高贺去投奔他,得到的招待就是吃脱粟饭、盖布被。高贺埋怨他说:"老朋友发达了又有什么用呢?粗粮和布被,我自己也有,用得着你来招待?"一番话说得公孙弘无地自容。但高贺这口恶气还没发泄完,还要出去散布流言蜚语,说公孙弘在家里关起门来穷奢极欲,在外人面前穿粗麻衣服,伙食只有简单一道菜,这种伪君子如何配做天下人的表率。高贺的话传扬出去,连朝廷也开始怀疑公孙弘。公孙弘慨然长叹:"宁逢恶宾,无逢故人。"意思是,宁愿遇见粗暴无礼的宾客,也不要遇到故人。(《西京杂记·卷二》)类似的箴言,今天也有:老乡老乡,背后一枪。社会进步了不少,但人性没变。

现在已很难吃到脱粟饭了,即便有粗粮,也属于粗粮细做。布被如今依然是常用物品,没人觉得盖布被有何不妥。因为我们说的布,默认指棉布,是很亲肤的纯棉制品。而汉朝人所说的布,是用大麻织成的麻布。

大麻有个特点,雌雄异株。雄性植株叫枲(xǐ),纤维品质相对较好,是平民百姓日常用的主流面料。高贺污蔑公孙弘在外人面前装样子,用的就是"外衣麻枲"。大麻的雌性植株叫苴(jū),纤维品质差,织出来的布品质也差。

那么,公孙弘既然生活简朴,为什么不用苴布,而用枲布呢?因为苴布一般是服丧时为了表达哀痛才会穿的,用它就太过分了。

过路财神

以公孙弘收入之高、生活之简,似乎应该存下来不少钱。但他只是一个过路财神,有多少钱花多少,只不过没花在自己身上,而是用来款待宾客、接济故人,搞得自己家无余财。如果说这些开销有什么功利性的价值,那就是给他换来了好名声。

这种用钱方式是"战国四公子"的流风余韵。当时的人们觉得，一个人只要有钱、有地位，就有必要也有义务去款待宾客、接济故人。诸侯王会如此，比如梁王刘武、吴王刘濞和淮南王刘安。外戚也会如此，比如魏其侯窦婴和武安侯田蚡。而像公孙弘、主父偃这样草根出身的高官，也有样学样，不如此则不够有贵族风范。要知道，当时察举制还没有成熟起来，科举制更不曾出现，底层人的上升通道很窄，而那些自命不凡、不安于贫贱的人一旦看不到上升通道，就会成为社会的不稳定因素。所以，汉朝这些达官显贵们刻意效法前代贵族，客观上就在社会的顶层和底层之间充当了一块块海绵。

苏轼有一个很精辟的洞察：社会上有智、勇、辩、力四种人，也就是聪明人、勇士、口才好的人和武力值高的人。他们天生就比普通人强，不甘心去做普通劳动者，也不甘心过一辈子穷日子，所以聪明的统治者会把富贵拿出来和这四种人共享。只要这些人安安稳稳地满足于吃白食，整个社会就能太平无事。虽然这四种人各有特点，但统治者会用单一的方法来安置他们。战国时代，是门客制度；魏晋时代，是九品中正制；从隋唐到宋代，是科举制。[1]

---

[1] 参见得到 App 课程《熊逸说苏轼》第 11 讲。

这样做的好处，只要看看战国和秦朝的历史就能知道：战国的国君虐待百姓，残酷程度不比秦始皇轻，但百姓从来不会反叛。这正是因为百姓当中那些出众的人才都已做了门客，被好好供养了起来。剩下那些资质平平的人，就算想反叛，也没人可以带头。所以，六国才可以在秦国的重压下延续很长时间。

虽然汉朝也在强化中央集权，迟早都要把战国以来的养士风气斩草除根，但在做到这一步之前，达官显贵的门庭刚好可以充当人才储备的第二梯队，而他们也不介意自己的供养名单上有多少只会趋炎附势的饭桶。

贤相之列

那么，公孙弘当时做的官到底有多大呢？汲黯说公孙弘位列三公，可公孙弘做丞相是后来的事，被汲黯抨击时还只是御史大夫，也就是九卿之一，这是怎么回事呢？其实，三公九卿的称谓有一点模糊性，依照阎步克先生的说法：西汉"三公""九卿"中的"三""九"只是泛称。御史大夫位列"上卿"，同时也位列"三公"。(阎步克《从爵本位到官本位：秦汉官僚品位结构研究》)

做高官能做到这么简朴，公孙弘是有一套说辞的。他常说做君主的最怕心胸不够宽广，做臣子的最怕生活不够节俭。所以，他虽然也吃肉菜，但"食不重肉"，也就是每顿饭的肉菜绝不会多于一个。（《史记·平津侯主父列传》）

"食不重肉"并非由公孙弘开风气之先，春秋年间就有榜样了：一个是越王勾践，为了报仇，在卧薪尝胆之外"食不加肉，衣不重采"，吃和穿都按最朴素的标准来（《史记·越王勾践世家》）；一个是齐国名相晏婴，"食不重肉，妾不衣帛"（《史记·管晏列传》）。公孙弘正是以晏婴为榜样，当他遭到汲黯抨击，不得不在武帝面前做答复时，就举过晏婴的例子，只是被《资治通鉴》删节掉了。公孙弘说："我听说管仲在齐国为相，生活奢靡，吃穿用度和国君一个标准，却把齐国治理得很出色。但是，晏婴也曾在齐国为相，吃穿用度和平民百姓一个标准，也把齐国治理得很好。"（《史记·平津侯主父列传》）

公孙弘这番话说得特别高明：一来证明了为官是否称职，和生活是奢靡还是简朴毫无关联，自己以晏婴为楷模，这有什么错呢；二来拿管仲和晏婴举例，不着痕迹地把自己和两位古代名相放在了一起，等将来丞相之位有空缺，武帝自然会想到自己。

就这样,公孙弘的"脱粟""布被"从此成为文化语码。陆游有诗"为农得饭常半菽[1],出仕固应甘脱粟"(《饭饱昼卧戏作短歌》),说的是种田的农民经常吃不饱饭,那么当官的人自当心甘情愿吃粗粮。《后汉书·王良传论》说"季文子妾不衣帛,鲁人以为美谈;公孙弘身服布被,汲黯讥其多诈。事实为殊,而誉毁别议"。这是拿鲁国名相季文子和公孙弘对照,说两人的行为看上去一模一样,得到的评价却截然相反。

那么,以公孙弘这样的圆滑和低调,百尺竿头更进一步应该是大概率事件,能不能善终才是真正考验水平的。

---

[1] "半菽",秦汉时代常称半斗为半。《汉书·项籍传》:"今岁饥民贫,卒食半菽。"详见朱德熙、裘锡圭《战国时代的"料"和秦汉时代的"半"》。

110

张骞通西域经历了多少波折

匈奴太子之死

原文：

三月，赦天下。

夏，四月，丙子，封匈奴太子於单为涉安侯，数月而卒。

我们继续来看武帝元朔三年（前126年）的大事件。三月发布赦令，《资治通鉴》并没有交代大赦的理由，而翻检《史记》《汉书》，诏书无非是说朝廷对百姓的教育不够，所以违法乱纪并非全是百姓的错。（《汉书·武帝纪》）

至于大赦的真正原因，通过时间线来推断，大概是这几年开疆拓土让老百姓吃不消，有不少人要么逃亡，要么暴力反抗，政府当然要镇压。如今基本国策做出了调整，全力以赴营建朔方郡，苍海郡工程叫停，所以不如大赦天下，缓解社会上的不安情绪。

夏四月，封匈奴太子於单为涉安侯。无奈於单福薄，几个月后就死了。

前文讲过，封於单为侯是因为匈奴内乱，已故军臣单于的兄弟伊稚斜自立为单于，打败了於单，迫使於单降汉。《汉书》记载，於单在当年四月受封涉安侯，五月就死了。因为他死时有侯爵头衔，这突如其来的死亡就不再是毫无规格的"死"，而是高规格的"薨"。[1]《资治通鉴》为求政治正确，将於单的"薨"改成了"卒"。若去看《史记·匈奴列传》，措辞则是"死"，真是一点面子都不给。

匈奴简史

我们依据《史记·匈奴列传》，简单梳理一下匈奴的历史。第一位留下姓名的单于是头曼单于，东边打不过东胡，西边打不过月氏，南边打不过秦帝国，日子过得极为憋屈。蒙恬死后，秦帝国命运急转直下，无暇顾及北方边境，匈奴这才松了口气。到了第二任冒顿单于时，他东败东胡，西败月氏，向南打赢平城

---

[1] 详见前文第108讲。

之战，险些要了刘邦的命，打出了匈奴的全盛时代。

冒顿死后，第三任老上单于虽没有那么能打，但得到了汉朝宦官中行说，简直如虎添翼，把汉文帝欺负得差点要御驾亲征。到了第四任军臣单于，匈奴历经汉文帝、汉景帝、汉武帝，以及有惊无险的马邑之役，从此不再和亲，和汉帝国彻底撕破了脸。

从头曼单于到军臣单于，父死子继，没有例外。等到军臣单于过世，本应是太子於单继位，没想到变生肘腋，军臣单于的弟弟伊稚斜自立为单于，匈奴爆发了一场前所未有的内战。作为内战的结果，於单败逃汉帝国也不算太大的事情。真正影响深远的大事件，是汉朝使者张骞趁着这场内乱从匈奴逃了回来。

张骞通西域，是中国历史上的头等大事。但这是现代人的看法，司马迁写《史记》时甚至没有给张骞单独列传，只是把他的事迹写进了《大宛（yuān）列传》。要等到班固把其中关于张骞的内容提取出来，和李广利合传，才有了《汉书·张骞李广利传》。到了司马光时代，张骞甚至被当成汉武帝的帮凶批判。比如文同途经张骞墓，写诗说"君不见武帝甘心事远略，靡坏财力由斯人"（《张骞冢祠》）。就连王安石这样锐意进取的人，对张骞的态度都很矛盾，说"丈夫许国当如此，男子辞亲亦可怜"（《飞雁》），意思是，大丈夫报效国家，确实该有张骞、苏武他们的气概；但作为家里的男孩，辞别父母，远赴大漠，何苦来哉？到了南宋末年，理学家陈普把批判的调门拔到一个新高度："风沙霜雪十三年，城郭山川万二千。汉马死亡宛马到，万人怨怒一人怜"（《咏史·张骞》）。意思是，汉武帝开疆拓土只是为了满足私欲。张骞万里跋涉这么多年，辛苦归辛苦，壮烈归壮烈，但透过现象看本质，不过是为虎作伥，把万千同胞害苦了。

不同的时代，不同的立场，自然会生出不同的论调。

张骞出使

张骞逃归，要追溯到建元二年（前139年），也许是建元三年（前138年）。

原文：

初，匈奴降者言："月氏故居敦煌、祁连间，为强国，匈奴冒顿攻破之。老上单于杀月氏王，以其头为饮器。余众遁逃远去，怨匈奴，无与共击之。"上募能通使月氏者。汉中张骞以郎应募，出陇西，径匈奴中。单于得之，留骞十余岁。

当时，投降的匈奴人讲述了匈奴和月氏（zhī）的一番恩怨：月氏原本是匈奴的西方近邻，曾受到冒顿单于重创。到了老上单于时代，匈奴不但斩了月氏王，还拿他的头骨当酒壶。月氏残部跑得远远的，恨透了匈奴，但自己打不过匈奴，也没能找到盟友。

这让武帝产生了一个宏大的战略构想：若和月氏人取得联络，岂不是可以同仇敌忾，夹攻匈奴？但到哪儿去找月氏残部呢？他们显然是往西边跑了，但到底是西北还是西南，跑了多远，在什么地方安顿下来，统统搞不清。匈奴以西，也就是汉帝国的西北，是一片对汉帝国而言几乎完全陌生的区域，连一幅最粗略的地图都画不出来。如果派人出使，使者只能摸着黑碰运气。这样一个探索新大陆的工作，有人愿意做吗？

郎官张骞自告奋勇。他还有一个副手，是堂邑氏的一名胡人奴隶，名叫甘父，也被称为堂邑父。（[清]王先谦《汉书补注·张骞李广利传》）

使团一共一百多人，既浩浩荡荡，又孤孤零零，从陇西郡启程，向着匈奴地界出发了。

要探索西部世界，必然要穿越匈奴的势力范围。张骞一行人要面对的第一个风险，就是可能遭遇匈奴大部队。

事实果真如此。《史记》说张骞被带到了单于那里，单于说道："月氏在我们匈奴北边，你们汉人凭什么跟月氏建立外交关系？如果我派人出使南越，你们汉政府能允许吗？"（《史记·大宛列传》）

这话确实在理，其中透露的地理信息是：当时的月氏残部生活在伊犁河和楚河流域（余太山《两汉魏晋南北朝正史西域传要注》），也就是今天我国新疆的西北部、吉尔吉斯斯坦共和国的东部和哈萨克斯坦共和国的东南部。

匈奴没有太为难张骞，只是留他在匈奴娶妻生子，这一留就是十多年。张骞虽然身在匈奴，但始终精心收藏着汉朝使节，这是他使臣身份的标志。这十多年间，张骞的孩子都长大了，匈奴人自然对他放松了警惕，哪想到张骞初心不改、矢志不渝，心心念念要完成使命。

不得要领

原文：

骞得间亡，向月氏西走，数十日，至大宛。大宛闻汉之饶财，欲通不得，见骞，喜，为发导译抵康居，传致大月氏。大月氏太子为王，既击大夏，分其地而居之，地肥饶，少寇，

殊无报胡之心。骞留岁余，竟不能得月氏要领，乃还。

张骞终于等到机会，带着手下人逃了出去，继续寻找月氏。一行人向西走了几十天，来到了大宛国。大宛建都贵山城，就是今天乌兹别克斯坦共和国的卡散赛市。张骞后来向武帝汇报，大宛"在匈奴西南，在汉正西，去汉可万里"（《史记·大宛列传》）。

这个万里之外的大宛早就听说汉帝国富庶，想建交却找不到门路，没想到张骞突然出现，实在让人喜出望外。于是，大宛国王派出向导和翻译，送张骞往西北走，先到康居，就是今天的巴尔喀什湖和咸海之间，再由康居人把张骞护送到大月氏。

月氏原先活动在今天的甘肃省西部，被匈奴击溃后，大部分迁到了新疆伊犁河和楚河流域，称为大月氏，小部分进入青海省北部，称为小月氏。大月氏在伊犁河和楚河流域并没有站稳脚跟，继续西迁，迁到了大宛以西的阿姆河和锡尔河之间。等张骞终于抵达大月氏时，他才发现一切都和自己想象的不一样。

月氏原本也算一个强国，但紧挨着匈奴，日子并不好过。如今千里万里，辗转迁到陌生的新家园，月氏人非但没有恋土怀乡，反而乐不思蜀了。这不足为怪，只要看看他们最新的国际关系：大月氏最强的邻居就是南边的大夏和西边的安息。安息大约在今天的阿富汗和伊朗,很擅长做生意,军事实力乏善可陈。这就意味着,大月氏不但没有外患,还可以随意出门欺负人;就算不欺负人,本地土壤肥沃,物产丰富,日子也过得十分安逸。人一安逸,就会把国仇家恨通通抛诸脑后。

这也难怪,让游牧民族牢记仇恨、不忘历史,确实不容易,除非统治者训练一批游吟诗人,把往日的耻辱改编成激荡人心的民谣四处传唱。但即便如此,新生活也必须充满苦难,只有这样,人们才能把今天的苦难归咎于过去的仇人。

但是,大月氏放下了仇恨,选择了宽恕,眼前一片海阔天空。张骞逗留了一年有余,始终拿大月氏没办法,颇为沮丧。《资治通鉴》说张骞"竟不能得月氏要领",语出自《史记·大宛列传》。成语"不得要领"就是这么来的。依照颜师古的解释,"要"应读 yāo,指衣服的腰部,"领"就是衣领。人要拿起一件衣服,标准动作是抓住衣服的腰部和衣领,所以"不得要领"就比喻抓不住事物的关键。至于颜师古说得对不对,今天已无从判断了。

张骞归来

原文：

并南山，欲从羌中归，复为匈奴所得，留岁余。会伊稚斜逐於单，匈奴国内乱，骞乃与堂邑氏奴甘父逃归。上拜骞为太中大夫，甘父为奉使君。骞初行时百余人，去十三岁，唯二人得还。

张骞无奈只好辞别大月氏，准备回长安交差。但他生怕再次遭遇匈奴，不敢原路折返，换了一条路，沿着南山向东走，想穿越羌族人的地界回国。大体上，张骞计划的路线是绕行今天的新疆昆仑山北麓，在塔克拉玛干沙漠以南，沿着塔里木盆地南部边缘，穿过青海回到长安，这就是后来丝绸之路的南道。

很不幸，张骞一行还是遇到了匈奴人，又被扣留了一年多。在此期间，就发生了武帝元朔三年匈奴内乱，伊稚斜自立为单于，逐走了太子於单。匈奴忙于内战，让张骞找到可乘之机，终于回到了阔别十三年的长安。当初使团启程时，一共一百多人，而这次返回长安，只剩下张骞和甘父两人。武帝拜张骞为太中大夫、甘父为奉使君。《资治通鉴》没交代的是，张骞的匈奴妻子也一起来了，但孩子的下落不得而知。

张骞归来，给汉帝国君臣带来了一场重量级的认知升级。当然，在今天看来，无非是对我国新疆和中亚地区有了一些了解，但对两千年前的古人而言，这样的地理大发现难能可贵。《汉书·西域传》记载，大月氏"去长安万一千六百里"，这虽是个颇为粗略的数字，却足以使当时的政治领袖和商人们浮想联翩。

汉武帝元朔三年至四年

―――― III ――――
为何说刀笔吏不可以为公卿

原文：

匈奴数万骑入塞，杀代郡太守恭，及略千余人。

六月，庚午，皇太后崩。

秋，罢西夷，独置南夷、夜郎两县，一都尉，稍令犍为自葆就，专力城朔方。

匈奴又入雁门，杀略千余人。

武帝元朔三年（前126年），匈奴数万人入境劫掠，杀代郡太守，掳走千余人。匈奴的大动作，应该是对汉帝国营建朔方郡的反应。只要朔方郡的防御体系能够成形，就可以缓解旁边代郡、雁门郡的压力。

六月，王太后去世，意味着从此再没人有能力约束汉武帝了。先前田蚡和窦婴大吵大闹时，若不是王太后撒泼，武帝也不会违心地让窦婴去死。朝廷早已是老成凋零的局面，武帝最喜欢提拔草根精英。这些人的功名富贵全都来自皇恩浩荡，对皇帝自然俯首帖耳。就算有谁不听话，收拾起来也简单——田蚡和窦婴的闹剧大概给武帝造成了很大的心理阴影。

当年秋天，西南夷工程也叫停了：西夷部分，也就是司马相如的责任区，彻底停工；南夷部分，也就是唐蒙的责任区，只保留两个县，设置一名都尉，勉强维持犍为郡的建制。汉帝国全力以赴营建朔方城。

匈奴也不甘示弱，才洗劫完代郡，又入雁门郡，杀掠千余人。

张汤断案

原文：

是岁，中大夫张汤为廷尉。汤为人多诈，舞智以御人。时上方向文学，汤阳浮慕，事董仲舒、公孙弘等；以千乘儿宽为奏谳掾，以古法义决疑狱。所治：即上意所欲罪，与监、史深祸者；即上意所欲释，与监、史轻平者；上由是悦之。汤于故人子弟调护之尤厚；其造请诸公，不避寒署。是以汤虽文深、意忌、不专平，然得此声誉。

本年度的最后一桩大事，是张汤升任廷尉。

廷尉是法律系统的最高长官，他的为人可以直接影响国家的司法风格。而张汤其人，我们已不陌生，陈皇后巫术案就是他施展雷霆手段，彻查案情，牵连出来三百多人，通通处斩。[1]这样一个既有能力又有干劲，还能与皇帝心照不宣的干部，注定要被提拔到最重要的岗位上来。

张汤很会表现，看武帝喜欢儒学，就变身为儒学爱好者，对儒家出身的董仲舒、公孙弘格外尊重，还援引儒家经典里的古代法理断案，简直就是法律系统里的一员儒将。

张汤的情商颇高，很会揣摩上意。武帝想杀的人，他就重判；武帝想放的人，他就轻判。这样的法官怎能不被皇帝喜欢呢？

张汤更高明之处是，从不会真的歪曲法律去逢迎上意，只是在分派案件时，想从重处理的就交给喜欢深文周纳、折磨人的手下；想从轻处理的就交给好心肠、富于同情心的手下。这样一来，每个人都是按照

---

[1] 详见前文第090讲。

自己的风格自行审理，既没有接受请托，也没有被上级强行要求，程序上简直无懈可击，但判决结果却能让武帝满意。

我们会以为张汤是个趋炎附势的小人，整天躲在角落里悄悄观察皇帝的脸色，根本无心理会旁人，但张汤其实很在乎人情，对故人子弟特别关照，对那些有头有脸的人物也拜访得格外勤快。《资治通鉴》说"不避寒暑"，可见他姿态放得有多低，礼数做得有多周到。所谓礼多人不怪，别看张汤是一个酷吏，名声却非常好。

汲黯质责

原文：

汲黯数质责汤于上前曰："公为正卿，上不能褒先帝之功业，下不能抑天下之邪心，安国富民，使囹圄空虚，何空取高皇帝约束纷更之为！而公以此无种矣。"黯时与汤论议，汤辩常在文深小苛；黯伉厉守高，不能屈，忿发，骂曰："天下谓刀笔吏不可以为公卿，果然！必汤也，令天下重足而立，侧目而视矣！"

能批评，也敢批评张汤的，就只有汲黯一人了。

汲黯出身好，景帝时代就登上了仕途。在喜欢启用新人的武帝一朝，他算得上官场中的"老板凳"。他性格倨傲，对看不惯的人、看不惯的事，从来都直言不讳。这样的人，隔着书本看，会觉得他是正人君子，但若真的日常相处，肯定不胜其烦。武帝已经做得很好了。他对汲黯很敬重，评价也很高，只是不想和他挨得太近。按说但凡汲黯识趣，稍微收敛一下，大家都还能相处，但他反而变本加厉，导致连武帝都经常受不了他，恨不能抓一个纰漏杀掉他算了。（《史记·汲郑列传》）

表面上看，汲黯是黄老哲学的信徒，看到儒家就像看到害虫，所以骂完公孙弘又来骂张汤，但更可能的原因有三个：第一，纯属性格问题；第二，汲黯以袁盎为楷模，和灌夫那样的人特别要好，把任侠精神带到了朝堂上；第三，汲黯位列九卿时，公孙弘、张汤都还是小人物。后来汲黯基本原地踏步，而公孙弘、张汤则如火箭一般蹿升。而且不仅他们两个，汲黯原先的不少下属也都升上来了，有和他平级的，有的还压他一头，这让汲黯心生怨气。他曾直接对武帝发过牢骚，说武帝用人就像堆柴禾，"后来者居上"。（《史记·汲郑列传》）这是一个很形象的比喻。堆柴禾时总是新柴压旧柴，最高处的柴禾一定是最新堆上来的。

成语"后来居上"就是这么来的。

汲黯从未换位思考过。如果站在皇帝的角度,那么很简单,老员工不如新员工有锐气、好用。就看眼前,新员工无论是公孙弘还是张汤,有哪个敢在皇帝面前像汲黯一样抱怨?武帝用人不拘一格,汲黯却还在缅怀论资排辈的老皇历。

汲黯没能想通这个道理,以至于满腹牢骚。武帝当时默然不语,等汲黯退场了,才点评了一句:"人不能不学习啊,听听他这些话,像什么样子!"(《史记·汲郑列传》)

老板凳汲黯看不惯当红的政坛新星张汤,并不令人意外。他对张汤的批评也谈不上多有道理。而以张汤的聪明才智,他在应对这些批评时,每每都让汲黯哑口无言。汲黯就这么被逼到死角,只能气急败坏地说:"天下人都说刀笔吏不可以为公卿,果然如此!让天下人重足而立、侧目而视的,一定就是你张汤了!"

汲黯这套说辞,我们已不是第一次领略了。所谓"刀笔吏不可以为公卿",潜台词是:基层公务和高层公务需要两种截然不同的能力,基层表现越突出的人,越不适合做高级岗位。[1] 这背后的底层逻辑是:人类社会

---

[1] 详见前文第093讲。

是一个复杂系统，成文法就算条文再多、再细致，也不可能包罗万象。用死条文约束活社会，注定费力不讨好。真正良善的政治必须是粗线条的，落实到断案上，必须具体情况具体分析，而不能拿法律条文生搬硬套。条文越多、越复杂，一方面舞文弄法的空间反而越大，一方面判决结果很可能于法有据而情理不容。

于法有据，于理不通

要理解这个道理，我们可以跳回现代社会，参照一下20世纪80年代末的汪楣芝继承案。

案情很简单：杨某是1949年从大陆去台湾的老兵，一直未婚。到了20世纪80年代，两岸关系缓和，杨某回到大陆，探望在北京的哥哥和其他亲属，在此期间经人介绍，和汪楣芝相识结婚。婚后，杨某用自己在台湾几十年的积蓄买了婚房，又购置各种生活用品，还剩下三十多万元现金。请注意，当时一个人有三十多万元现金，说富甲一方都不过分。眼看着幸福生活按下启动键，却没想到，杨某不到一年就病故了，财产继承问题浮上水面。

杨某的哥哥和弟媳商量：房子、生活用品和部分现金由弟媳继承，自己和其他亲属继承杨某剩余的现金。这个方案算不算合情合理呢？汪楣芝并不这样认为。如果严格按照当时的法律条文处理，别说他们结婚不到一年，就算只有一天，汪楣芝作为杨某的遗孀，也有权继承杨某的全部遗产。

双方没谈拢，只能对簿公堂。一审支持了杨某哥哥的方案，汪楣芝上诉，但二审依然维持原判。以下援引杨立新、和丽军两位老师的说法："毫无疑问，这样判决是违反《继承法》关于继承顺序的规定的。后来该案由最高人民法院指定北京市高级人民法院重新审理。北京市高级人民法院认为，案件判决后社会反响很好，没有必要重审改判。最后该案不了了之。这个案例说明，配偶法定继承为第一顺序，有时会出现其他亲属不能继承遗产的后果。试想，杨某与杨兄是亲兄弟，而杨某与汪楣芝的配偶生活不到一年，在这种情况下，如果将杨某的遗产全部由配偶继承，显然于法有据而于理不通。该案判决没有按照配偶第一顺序的规定，实际上是将配偶作为零顺序对待，但如此判决更加合理，收到了较好的社会效果。"（杨立新、和丽军《我国配偶法定继承的零顺序改革》）

在汪楣芝继承案里，重中之重就是这一句："如果将杨某的遗产全部由配偶继承，显然于法有据而于理不通。"所以从一审、二审到终审，在意的并不是"于法有据"，而是"于理不通"。也就是说，白纸黑字的法律条文让位给了不成文的公序良俗。总之，再丰富的法律条文也囊括不了现实世界的复杂性，只有承认这一点，并且有合法的能力可以超越于法律条文之上，才能形成合情合理的判决。这是周代的贵族传统和上至孔子、下至汲黯所乐于接受的法律模式。

原文：

（四年）

冬，上行幸甘泉。

夏，匈奴入代郡、定襄、上郡，各三万骑，杀略数千人。

接下来的元朔四年（前125年），只有两句话带过。冬季，武帝出行甘泉宫。夏季，匈奴入寇，大肆劫掠而去。

《资治通鉴》第十八卷到此结束。

汉纪十一

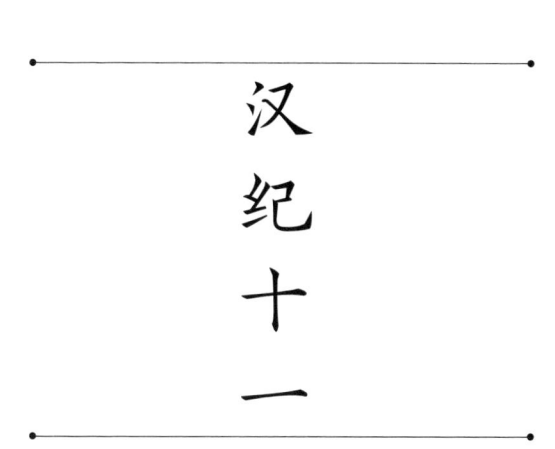

公元前124年至公元前119年

世宗孝武皇帝中之上

汉武帝元朔五年

---- 112 ----

公孙弘是如何布衣拜相的

原文:

起强围大荒落,尽玄黓阉茂,凡六年。

这一讲进入《资治通鉴》第十九卷,"汉纪十一·世宗孝武皇帝中之上"。同时,也是新的一年,武帝元朔五年(前124年)。

丞相封侯

原文:

(元朔五年)

冬，十一月，乙丑，薛泽免。以公孙弘为丞相，封平津侯。丞相封侯自弘始。

年初，公孙弘接替薛泽担任丞相，受封平津侯，开创了丞相封侯的先例。

汉朝开国以来的历任丞相，无论能干与否，共同点是都有侯爵头衔。也就是说，他们要么像萧何、曹参那样，本人就是开国功臣，要么像周亚夫那样，是开国功臣的继承人。按照刘邦时代的政治版图，天下相当于一家股份公司，皇帝是大股东，诸侯王是第二梯队股东，以军功受封彻侯之人是第三梯队股东，所有人的股权都可以世袭罔替。而政治到底要怎么搞，股东们商量着来。

这是汉朝开局的设定，而在国家运转起来之后，皇权就开始逐渐扩张。异姓诸侯先被清洗完毕，同姓诸侯也不断被拆解、削弱——他们吃政治红利的资格还在，但参政议政的权力慢慢丧失掉了。彻侯集团的状况更糟。第一代彻侯都是从死人堆里摸爬滚打出来的，个个都是人物，而第二代、第三代、第四代彻侯，往往是养于深宫之中、长于妇人之手的纨绔子弟，只是凭着祖荫和传统继续站上政治舞台。不过，这批人越是庸庸碌碌，越能明哲保身。道理很简单：只要不做事，就没有犯错的机会；只要不犯错，就能继续享受高官厚禄，也没人能质疑自己享受高官厚禄的资格。当然，皇帝也乐得他们不做事。

草根崛起

所以，年初卸任的这位薛泽，虽贵为大汉丞相，但毫无存在感可言。汉武帝这一时期的政治舞台上，兴风作浪的全是草根出身的官僚，比如公孙弘、主父偃、朱买臣等，张汤那种小公务员家庭出身的已算是有背景了——他们如果不想方设法做事立功，就无法在朝廷立足。

武帝朝的第一位草根丞相原本不该是公孙弘，而是韩安国。简单梳理一下：武帝倚重的第一位丞相是武安侯田蚡，他的武安侯头衔不是继承来的，而是以外戚身份受封的，这就已经打破了无军功不封侯的惯例。但田蚡好歹是武帝的亲舅舅，而且真有才干，所以封侯也好，做丞相也罢，旁人都不好说什么。

而在田蚡死后，接班人原本是韩安国，武帝很器重他。没想到偏偏就在这时，韩安国摔伤了脚，这才改任平棘侯薛泽为丞相。至于薛泽究竟是何许人也，《史记》有一段综述性文字，说自从景帝时的丞相申屠嘉死后，景帝一朝有开封侯陶青、桃侯刘舍为丞相，武帝一朝有柏至侯许昌、平棘侯薛泽、武疆侯庄青翟、高陵侯赵周等人为丞相。这些人都是以彻侯继承人的身份进入官场的，庸庸碌碌，无所作为，只是充数而已。[1] 如今公孙弘当了丞相，没有彻侯头衔也没关系，封一个就是。

公孙弘草根出身，凭着儒学知识谋到了职位，迅速升迁，不但做了丞相，还受封平津侯，简直就是知识改变命运的理想范本，不难想见会有多少人受到鼓舞。

开东阁

原文：

时上方兴功业，弘于是开东阁以延贤人，与参谋议。每朝觐奏事，因言国家便宜，上亦使左右文学之臣与之论难。

公孙弘以布衣拜相封侯，此事在历朝历代不断被文人称道。而他拜相之后"开东阁以迎贤人"的举动，也成为一个经久不衰的文化语码，被认为是好丞相的

---

[1] 详见前文第082讲。

范本。所谓东阁,就是东边的小门。丞相府的大门是留给工作人员用的,专门开一个东阁是为了接待体制外的贤人,相当于开设了一个人才储备池,让全国各地的人才多了一条上升通道。可想而知,这让知识分子激动不已。

"东阁"的"阁"和"阁楼"的"阁"("閣")字形很像,所以经常被人混用。([清]俞樾《茶香室丛钞·卷二十四》)历代诗词文章里经常提到的"东阁"其实就是"东阁"。曾有人写诗给当时的丞相,"长吁问丞相,东阁几时开"([唐]杨重玄《正朝上左相张燕公》),这是直接发出哀鸣,求丞相大人赶紧学学公孙弘,给贤人们——当然最主要是自己——一条美好、璀璨的金光大道。

公孙弘开东阁,也相当于给自己创建了一个智囊团,上朝探讨朝廷大事更有底气。武帝也有智囊团,先前就曾派朱买臣等人,就朔方郡营建问题对公孙弘劈头盖脸一顿反驳,打得他只有招架之功,没有还手之力。现在汉武帝和公孙弘继续这套模式,不失为一种有效的决策机制——任何提案都要遭受一番群殴,群殴之后还能站直的,合理性和可行性自然靠谱得多。

禁弓弩

原文：

弘尝奏言："十贼彍弩，百吏不敢前。请禁民毋得挟弓弩，便。"上下其议。侍中吾丘寿王对曰："臣闻古者作五兵，非以相害，以禁暴讨邪也。秦兼天下，销甲兵，折锋刃；其后民以鉏锄、梴梃相挞击，犯法滋众，盗贼不胜，卒以乱亡。故圣王务教化而省禁防，知其不足恃也。礼曰：'男子生，桑弧、蓬矢以举之。'明示有事也。大射之礼，自天子降及庶人，三代之道也。愚闻圣王合射以明教矣，未闻弓矢之为禁也。且所为禁者，为盗贼之以攻夺也；攻夺之罪死，然而不止者，大奸之于重诛，固不避也。臣恐邪人挟之而吏不能止，良民以自备而抵法禁，是擅贼威而夺民救也。窃以为大不便。"书奏，上以难弘，弘诎服焉。

马上就有一个例子：公孙弘建议在民间全面禁止弓弩。这个提案，约等于现代社会里的禁枪。只要从禁枪的角度来理解，我们马上就会想到一个问题：难道此前老百姓都可以拥有弓弩，汉政府从来没出过禁令吗？

确实没有，而且在先秦时代，射箭还是贵族子弟的必修课。孔子搞私人教学，教授六艺：射、御、礼、乐、书、数，一共六门课。射箭排名第一，排名第二的"御"是驾驶技术，二者是车战时代的必备军事技能，文化课反而靠后。随着时间的推移，战车的重要性不断走低，学习战车驾驶，一般人也承受不起。但弓弩的重要性从未降低，且弓弩成本低，便于携带。此外，汉朝实行兵役制，老百姓扔下锄头来服兵役，如果临上阵才第一次摸到弓弩，仗就没法打了。所以民间有弓有弩，当时并没人觉得不妥，直到公孙弘突然提出要禁弓弩。

汉武帝把公孙弘的议题交给大家讨论。《春秋》学者吾丘寿王给出一份很长的意见，大意是：搜缴天下兵器一事，秦始皇干过，结果怎样？大家拿起锄头把秦朝灭了。再看上古圣王，鼓励射箭，以射礼彰明教化，让老百姓也能有一件防身的武器。到底是学古代圣王还是学秦始皇，陛下看着办。

我们今天总说"秦皇汉武"，把二人当成雄才大略的帝王双星。但在西汉，秦始皇是举世公认的头号反派，谁都要和他划清界限。吾丘寿王给出的二选一，相当于说"您想做好人还是坏人"。武帝当然表态要做好人，所以就不禁弓弩了。

历朝历代，对民间拥有武器的禁令确实有几次：王莽、隋炀帝禁过，宋朝、元朝、明朝也禁过。专制君主总想调教顺民，但代价之一就是没法应急。孰轻孰重，各有掂量。盘点历史，至少可以知道：在实行兵役制的时代，要求民间禁止弓弩不太现实；而到了兵民分离的时代，当兵成为一份职业，当兵的可以专心当兵，种田的可以专心种田，公孙弘的提案才有了可行性。

在吾丘寿王的反驳面前，公孙弘再次无言以对，禁止弓弩一事也就不再提了。

这位吾丘寿王，前文已经出场。武帝登基不久，广招天下贤才，被武帝看中并留在身边的，便有吴人朱买臣、赵人吾丘寿王、蜀人司马相如、平原人东方朔、吴人枚皋、济南人终军等，相当于组成了一个御用参谋部。武帝经常安排这些参谋官和朝廷大臣辩论，大臣们根本说不过他们。吾丘寿王的才智被武帝亲口称赞为"天下少双，海内寡二"。[1]而武帝微服出游时，为了能尽兴玩耍，准备买下周边常去的游乐地带，改建成皇家猎场，当时主持拆迁调研工作的就是吾丘寿王。[2]

---

[1] 详见前文第067讲。

[2] 详见前文第069讲。

口蜜腹剑

原文:

弘性意忌,外宽内深;诸尝与弘有隙,无近远,虽阳与善,后竟报其过。董仲舒为人廉直,以弘为从谀,弘嫉之。胶西王端骄恣,数犯法,所杀伤二千石甚众。弘乃荐仲舒为胶西相;仲舒以病免。汲黯常毁儒,面触弘,弘欲诛之以事,乃言上曰:"右内史界部中多贵臣、宗室,难治,非素重臣不能任,请徙黯为右内史。"上从之。

那么问题来了:公孙弘在官场上虽然混得风生水起,但经常被反驳,换一般人早就气急败坏了,难道他真的一点都不计较吗?

并非如此,《资治通鉴》说他表面上不动声色,实际暗地里打击报复。只有报复,才能让人心情舒畅。

虽然"口蜜腹剑"这个成语是从唐朝宰相李林甫身上来的,但公孙弘早就做到了。他很沉得住气,也很记仇,可以和对手打得火热,仿佛真的是"宰相肚里能撑船",但一有机会就下死手。董仲舒认为公孙弘太会溜须拍马了,公孙弘就找机会推荐董仲舒出任胶西国相。胶西王阴险狠辣,他这个推荐,相当于把人往火坑里推,逼得董仲舒称病辞职。汲黯当众让公孙弘难堪，公孙弘就推荐他当右内史，管理一半的京畿重地，让汲黯和那些飞扬跋扈的达官显贵互相伤害。

不过，史料当中这些评论性的说法不可避免地带着主观偏见，毕竟谁都不会知道公孙弘的真实想法。而让董仲舒做胶西国相，让汲黯做右内史，若不从阴谋论的角度想，其实都是合情合理的安排。但是，司马迁看不惯公孙弘，司马光也把他的意见继承了下来，这就是古代史书的特点。如果是现代人做档案，通常只是就事论事，不会轻易发表评论，妄议人物是非。

113

卫青是怎么打出前无古人的胜仗的

匈奴寇边

原文:

春,大旱。

匈奴右贤王数侵扰朔方。天子令车骑将军青将三万骑出高阙,卫尉苏建为游击将军,左内史李沮为强弩将军,太仆公孙贺为骑将军,代相李蔡为轻车将军,皆领属车骑将军,俱出朔方;大行李息、岸头侯张次公为将军,俱出右北平;凡十余万人,击匈奴。

这一讲继续来看武帝元朔五年(前 124 年)的大事件。开春就是一场大旱,帝国北境继续烽烟四起,匈奴右贤王屡屡攻击新设置的朔方郡。

在匈奴人看来,伊稚斜单于践踏传统、发动内战、赶跑了有合法继承权的前太子於单,才坐上了单于的位置。所以，伊稚斜特别希望打几个像模像样的胜仗，以证明自己的统治合法性，建立自己的强者权威。哪想到，汉帝国此时偏偏出现了一个卫青，汉武帝又倾全国之力专心对付匈奴，不但把匈奴赶出了河套地区，还在那里大搞基建和移民工程，是可忍孰不可忍。所以这两年间，匈奴不断进犯汉帝国边境，一会儿入雁门，一会儿入代郡，当然更少不了朔方。

《史记》交代了这次战争的背景，说匈奴右贤王气不过，不断侵扰朔方郡，"杀略吏民甚众"。（《史记·匈奴列传》）他们到底杀了多少人、抢了多少人，并无准确数字，但既然是"甚众"，肯定不在少数。匈奴的打法是多点突破、齐头并进。元朔四年（前125年），匈奴攻入代郡、定襄、上郡，每支队伍都有三万骑的规模，"杀略数千人"。（《史记·匈奴列传》）边境冲突就这样进入白热化。

武帝做出部署：卫青率三万骑出高阙，苏建、李沮、公孙贺、李蔡归卫青统率，出朔方，李息、张次公出右北平，总兵力有十几万人。看这段记载，很容易认为汉军分三个方向进军，很难理解为何卫青自成一军，自有一个行军方向，却可统率苏建、李沮等人。原因很简单，卫青出高阙，而高阙在朔方郡内，所以汉军其实只有两个行进方向：西路军从朔方郡出发，东路军从右北平郡出发，只是大军团中每位将军都有自己的一支队伍，独立行进，彼此呼应。

这样的行军方式，战术目的是扩大搜索范围。游牧民族居无定所，来去如风，能否在茫茫草原上找到他们，在很大程度上要看运气。而找到之后能否锁定，锁定之后能否决战，战胜之后能否追亡逐北、扩大战果，每一个环节都悬而未决。

卫青大捷

原文：

右贤王以为汉兵远，不能至，饮酒，醉。卫青等兵出塞六七百里，夜至，围右贤王。右贤王惊，夜逃，独与壮骑数百驰，溃围北去。得右贤裨王十余人，众男女万五千余人，畜数十百万，于是引兵而还。

汉军要克服多少困难，匈奴人自然也想得到。右贤王因此产生了轻敌情绪，觉得自己所在的位置距离汉帝国北境足够远，汉军不可能深入。于是他安心喝酒，竟然喝醉了，等夜间醒来时，才发现自己已陷入汉军的包围圈。大惊之下，右贤王并没有排兵布阵、组织抵抗，而是带着几百名精兵冲开包围圈，一路向北狂奔。这一仗，汉军擒获匈奴首领十余人，男男女女一万五千多人，牲畜几十上百万头，凯旋归来。

这场大捷取得了前所未有的惊人战果，而且胜在出其不意，并无正面交锋，所以既没有汉军的伤亡数字，也没有匈奴人被斩首的数字。《史记》还记载了一个细节：汉军轻骑校尉郭成等人追击右贤王数百里，没能追上。（《史记·卫将军骠骑列传》）虽然胜利的拼图只差右贤王的一颗头颅，但汉军的轻骑兵有能力奔驰几百里，追杀一支拼命逃亡的几百人的匈奴精锐，战斗力可见一斑。后来霍去病率轻骑兵深入漠北，屡建奇功，正是因为汉帝国的骑兵作战能力已经有了如此良好的基础。

对汉帝国而言，这是一场振奋人心的超级胜利。此前，即便是最能打的开国皇帝刘邦，那个攻破关中、击败项羽的刘邦，都在匈奴人手上吃了大亏，险些做了他们的俘虏。而吕后那样的女强人，在匈奴面前也不得不克制情绪，保持着温良恭俭让的风度。随后，文帝被匈奴欺负到鼻子底下，景帝也拿匈奴无可奈何。到了武帝时代，先前精心策划的马邑之役也功败垂成。如今，终于打了一场彻彻底底的翻身仗。

加官晋爵

原文：

至塞，天子使使者持大将军印，即军中拜卫青为大将军，诸将皆属焉。夏，四月，乙未，复益封青八千七百户，封青三子伉、不疑、登皆为列侯。青固谢曰："臣幸得待罪行间，赖陛下神灵，军大捷，皆诸校尉力战之功也。陛下幸已益封臣青；臣青子在襁褓中，未有勤劳，上列地封为三侯，非臣待罪行间所以劝士力战之意也。"天子曰："我非忘诸校尉功也。"乃封护军都尉公孙敖为合骑侯，都尉韩说为龙頟侯，公孙贺为南窌侯，李蔡为乐安侯，校尉李朔为涉轵侯，赵不虞为随成侯，公孙戎奴为从平侯，李沮、李息及校尉豆如意皆赐爵关内侯。

武帝的狂喜已经按捺不住。卫青的凯旋大军刚刚抵达边塞，朝廷使者就带着大将军印信赶到军营，宣布拜卫青为大将军，所有将领都归大将军统辖。当年夏四月，武帝又给卫青大大增加了食邑数量，达到万户侯的规模，还把卫青的三个儿子卫伉、卫不疑和卫登通通封为彻侯。

也就是说，这时的卫青不但结了婚，还生了三个男孩。我们难免好奇：卫青这样的人物，不知娶了谁家姑娘？很遗憾，史料竟然只字未提。我们只知道在多年之后，已贵为大将军的卫青娶了自己的老东家平阳公主。

武帝对卫青的加官晋爵已大大超出了常规，但即便如此，谁也不敢有异议。谁让卫青打出了一场前无古人的胜仗呢？有非常之功，自当有非常之赏。

但站在卫青的角度，他必须认真推辞：这次功劳虽然不小，但一来凭的是陛下圣明，二来凭的是将士用命。自己得到这么多表彰就已足够，自己的三个儿子还只是娃娃，若给他们裂土封侯，以后队伍就没法带了。

武帝特别通情达理，说自己并没有忘记给将士们论功行赏。于是他将公孙敖、韩说、公孙贺、李蔡几位将军和李朔、赵不虞、公孙戎奴通通封侯，赐给李沮、李息两位将军和军官豆如意关内侯的爵位，食邑各三百户。

这些立功将士当中，公孙敖是卫青做郎官时的死党。卫青遭武帝的岳母刘嫖绑架时，公孙敖救过他的命，从此两人一直保持着深厚的友谊。前几年的关市之役中，汉军兵分四路，各自为战，公孙敖也是一方主将，但最后四路大军只有卫青立了功，公孙敖打了败仗，折损七千人，缴纳了赎金才免除死罪，被贬为庶民。[1]重点来了：如今时隔五年，公孙敖在卫青军中做了高级军官，终于立功封侯，改写了命运。这里我们可以再一次看到当时的政治特色：死罪是可以赎买的，就算从万人之上的将军一下被贬为平民百姓，只要能力还在，关系还在，留给皇帝的好印象还在，机会就还在。那么相应的就是政治斗争会很残酷，非要把对手灭族才能安心。

再看其他几位功臣。公孙贺是武帝做太子时的亲信，后来娶了卫子夫的大姐卫孺，做了卫青和武帝的姐夫。

韩说是弓高侯韩颓当庶出的孙儿，也就是韩王信的重孙。韩王信是汉初八大异姓王之一，后来逃亡匈奴，在颓当城生下一个儿子，取名韩颓当。韩颓当自幼在匈奴生活，文帝时代投奔汉帝国，受封弓高侯。景帝时代，韩颓当在平定"七国之乱"时立下大功，爵位又传了两代人。韩颓当的嫡孙，也就是第三代弓高侯，在历史上没什么存在感，也没能生出儿子，爵位的传承就在他手上断了。不过韩颓当的两个庶孙都很出名：一个是韩嫣，深受武帝宠信；另一个就是韩说，韩嫣的弟弟。

---

[1] 详见前文第095讲。

李蔡、李息、李沮、李朔虽然都姓李，但各有各的出身籍贯，并不是一家人。李蔡是一员老将，还是李广的同宗兄弟，早在文帝一朝就和李广一道做郎官。李蔡的名气远不如李广，但李蔡一战封侯，后来还做了丞相，李广却困顿了一辈子。李息和李沮都是景帝一朝的老臣，其中李沮是云中郡人，李息是北地郡郁郅县人。云中郡和北地郡都是北方边郡，而北方边郡常年和匈奴接触，特别能出精兵强将。李息出身的郁郅县更为特殊，它是战国年间秦昭襄王灭义渠后在义渠的地盘上设置的，位于今天的甘肃省庆城县北。这样看，李息身上可能有义渠血统，而公孙敖、公孙贺都是史料有明文记载的义渠后人。这批功臣里还有一位公孙戎奴，身世不详，但从姓名来看，大概也是义渠后人。

揖客汲黯

原文：

于是青尊宠，于群臣无二，公卿以下皆卑奉之，独汲黯与亢礼。人或说黯曰："自天子欲群臣下大将军，大将军尊重，君不可以不拜。"黯曰："夫以大将军有揖客，反不重邪！"大将军闻，愈贤黯，数请问国家朝廷所疑，遇黯加于平日。

经此一役，卫青的人生蜕变就不仅仅是从奴隶到将军了，而是从奴隶到大将军，并且实至名归。在世人眼中，他不再是皇帝的小舅子，而是国家的大英雄。朝廷里面，不管多大的官，见到卫青都要矮一头说话。当然，凡事难免有例外，而在这种事情上如果真有谁例外，那么不问可知，一定是汲黯，只有他一人对卫青以平等身份行礼。

有人看不过去，提醒汲黯说："皇帝要捧大将军，您以后见到大将军，要行拜礼才对。"

汲黯不以为然，说出一句名言："夫以大将军有揖客，反不重邪！"意思是，以大将军的地位和威望，若能有一位以平等身份行礼的客人，岂不益发显得大将军难能可贵？

汲黯所谓的"揖客"，指的是只作揖、不下拜的客人。他的道理不难理解，无非是说自己的行为反而会使卫青显得贵而不骄、礼贤下士。卫青听说后，越发看重汲黯，经常就国家大事向他讨教。"揖客"从此成为一个文化语码，比如宋人赵藩的诗句"将军揖客能增价，幕府群贤定挽才"（《送王汝之江西二首之二》），用的就是这个典故。不过以知人论世的态度来看，汲黯不大会有"将军揖客能增价"的考虑，他这样做，大概只是自命清高而已。

不过，正是因为汲黯这种一以贯之的态度，武帝对他才有了一份特殊的尊重。

原文：

大将军青虽贵，有时侍中，上踞厕而视之；丞相弘燕见，上或时不冠；至如汲黯见，上不冠不见也。上尝坐武帐中，黯前奏事，上不冠，望见黯，避帐中，使人可其奏。其见敬礼如此。

虽然卫青贵为大将军，但武帝待他很随意，可以一边上厕所一边跟他说话。武帝接见丞相公孙弘就正式多了，但只要不在朝堂之上，也不一定穿戴齐整。而来人若是汲黯，武帝就总会一丝不苟。

前文讲过，卫青做过侍中，曾是皇帝最贴身的侍卫。皇帝随身用的坐便器、尿壶、痰盂这些都归侍中管。[1] 虽然卫青已从侍中跃升为大将军，但和武帝当年的那种亲昵关系并未因此改变。而某一次汲黯前来奏事，武帝刚巧没有戴冠，看见汲黯来，立刻躲到后帐，派人传话来批准他的提案。

接下来，匈奴必然要展开反扑，而汉帝国竟然露出了内乱的端倪。

[1] 详见前文第063讲。

114

刘安是如何一步步走向反叛的

文治武功

原文：

夏，六月，诏曰："盖闻导民以礼，风之以乐。今礼坏乐崩，朕甚闵焉。其令礼官劝学兴礼以为天下先！"于是丞相弘等奏："请为博士官置弟子五十人，复其身，第其高下，以补郎中、文学、掌故。即有秀才异等，辄以名闻；其不事学若下材，辄罢之。又，吏通一艺以上者，请皆选择以补右职。"上从之。自此公卿、大夫、士、吏彬彬多文学之士矣。

秋，匈奴万骑入代，杀都尉朱英，略千余人。

武帝元朔五年（前124年），夏六月，武帝下诏倡导儒学教育，紧接着批准了丞相公孙弘的一项建议：给博士置弟子五十人，免除他们的赋税徭役，将其作为候补干部人才库，不好好学习的就开除。另外，低级官员中若有人精通任一儒家经典，就向他开放高级岗位的上升渠道。这一系列政策的效果，就是公职系统里的文化人多了起来。

回顾汉朝开国，朝廷大员尽是以军功起家的大老粗。第三辑里讲过，清朝史学家赵翼清点汉初诸臣：只有张良出身高贵，是"五世相韩"的世家子弟；其次是张苍，曾在秦朝担任御史；而叔孙通是秦朝博士；萧何、曹参出身于秦政府基层官吏；至于陈平、王陵、陆贾、郦商等，都是平民百姓出身，只有陈平读过书；樊哙是狗肉贩子，周勃是小手工艺人兼从事丧葬服务，灌婴是绸缎贩子。这样一群人致身将相，前所未有。[1]那时的朝野上下，就是一片文化沙漠。大老粗们不但搞不来文化人的弯弯绕，也不大瞧得上文化，所以黄老之术"清静无为"的风格不但适合养伤时期的社会，也很适合这些没文化、不知该怎么做管理的管理者。他们每天只要喝喝酒、睡睡觉，不去指手画脚，不去奋发有为，就不容易惹祸。如果把这样一幅历史画卷展开给亚当·斯密看，他会说民间经济的创伤很快就可自愈。这就和古人治病一个道理。他们有各种在今

---

[1] 详见《资治通鉴熊逸版》（第三辑）第149讲。

天看来匪夷所思的手段，比如放血、跳大神，但往往治疗得越用心，病人的情况越糟；如果放任不管，反而更有可能自愈。

自汉朝建立以来，几代人中以文化人出头的后起之辈，一个是贾谊，一个是晁错，下场都很悲惨。窦太后把无为而治的精神延续到了武帝即位初期，而到了元朔年间，再无人能阻拦武帝施展宏图大略、扭转汉帝国的政治方向了。尤其是武帝刚刚取得了对匈奴作战的划时代胜利，文治和武功自然应当匹配，否则就不是圣王该有的模样。

汉武帝忙于文治武功的建设，而伊稚斜单于那边，既然吃了大亏，就必须把面子找回来。做单于不存在文治，只有敢拼敢打才能聚拢人心，形成有效统治。于是就在当年秋天，匈奴再一次攻入代郡，杀代郡都尉，抓走了一千多人。虽然匈奴完成了一次报复，但这次军事行动的规模仅有"万骑"，只是单点突破，不复当初十几万人多点突破、齐头并进的盛况。

雷被上书

原文：

初，淮南王安，好读书属文，喜立名誉，招致宾客方术之士数千人。其群臣、宾客，多江、淮间轻薄士，常以厉王迁死感激安。建元六年，彗星见，或说王曰："先吴军时，彗星出，长数尺，然尚流血千里。今彗星竟天，天下兵当大起。"王心以为然，乃益治攻战具，积金钱。

郎中雷被获罪于太子迁，时有诏，欲从军者辄诣长安，被即愿奋击匈奴。太子恶被于王，斥免之，欲以禁后。是岁，被亡之长安，上书自明。

汉帝国也在筹划下一步的军事行动。当时朝廷有一项政策，全国各地，包括任一诸侯国境内，凡是愿意参军打匈奴的有志青年都可以直接来长安报名。结果某一天，淮南国的一名前任郎官雷被（pī）来到长安，向朝廷上书，说自己本想从军，却被淮南王免了职以儆效尤，是从淮南国逃出来的。[1]一石激起千重浪，这件事看上去没伤人、没死人，但若属实，就意味着淮南王刘安对朝廷阳奉阴违，跟基本国策唱对台戏。

武帝把雷被的上书交给廷尉和河南郡协同处理——

---

[1] 《资治通鉴》原文为"太子恶被于王，斥免之，欲以禁后"。"斥免"一词在古注中存在争议，据于豪亮先生考证："'斥免'一词在汉简中常见，均指官吏因不能胜任其职务或营私舞弊被免除其职务而言。《汉书·淮南王传》：'太子数恶被，王使郎中令斥免，欲以禁后。'是'斥免'乃汉人之常用语。"详见于豪亮《居延汉简丛释》。

这一时期担任廷尉的，是历史上极著名的酷吏张汤。之所以会牵扯河南郡，根据陈直先生的说法，是因为汉代关东地区的大案要案往往会在河南郡就近处理。（陈直《汉书新证》）

以张汤的风格，办案之前他需要先判断武帝的态度。虽然史料当中并无任何交代，但从情理上推断，这时的武帝正陶醉于自己的文治武功，心情格外好，而且他一直很欣赏淮南王刘安的文学才华。所以，这次对刘安只要小有惩戒即可。但这是武帝的真实态度吗？淮南国之事真的这么单纯吗？

蠢蠢欲动

《资治通鉴》交代前因：淮南王刘安不但文化程度高，还喜欢沽名钓誉，很下本钱延揽四方宾客和能人异士。而聚集在他门下的人，以及淮南国的大小官员，多是江淮一带的轻浮之辈，常拿上一代淮南王刘长死于非命的事刺激刘安，煽动刘安对朝廷的不满。

站在刘安的角度来看汉武帝，态度就是：你爷爷害死了我爸爸。

这种杀父之仇是否不共戴天，并不好说，就像大月氏人一样，安逸的生活很容易让人对往事释怀，更何况武帝对刘安相当不错。早在建元年间，田蚡还给刘安画过一张大饼，说武帝没有太子，刘安论血缘是太祖高皇帝的亲孙儿，论声望是天下景仰的仁义之主，一旦武帝驾崩，有资格继承皇位的除了刘安还能有谁呢？[1]偏巧建元六年出现了一颗巨型彗星，彗尾横贯天穹。若说彗星对应着战乱，那么当年确实出了乱子：闽越攻打南越。[2]而在占星术士看来，闽越攻打南越只是边境藩属国的局部战争，不足以解释这么大的一颗彗星。于是有人给刘安煽风点火，说当年"七国之乱"发生时，彗星也出现了，虽然彗尾只有几尺长短，却流血千里，再看看今年这颗彗星，彗尾横贯天穹，一定会天下大乱。言下之意是：大王您可早做准备，翻身的日子就要到了。

刘安身边尽是这样的人，就算原本老实本分的人，怕也忍不住蠢蠢欲动了。他打的小算盘是：皇帝没有继承人，一旦天下有变，自然会诸侯纷争，姓刘的都去抢皇位，自己有必要提早准备，一方面招贤纳士，一方面加紧制造武器装备。

刘安显然缺乏沉稳的性格和冷静的头脑，偏偏他

---

[1] 详见前文第058讲。

[2] 详见前文第071讲。

的太子刘迁也不是一盏省油的灯。刘迁学习剑术，自以为天下无敌，听说雷被剑术精湛，非要和他比试一番。雷被拗不过，更糟的是，在比武时误伤了刘迁，不但伤了他的皮肉，更伤了他的脸面。刘迁就这样恨上了雷被。雷被知道自己不能在淮南国待下去了，这才响应朝廷号召，到长安报名参军，征讨匈奴。也就是说，雷被参军并不是为了实现雄心壮志，而仅仅是为了逃离刘迁的势力范围。

法外开恩

原文：

事下廷尉治，踪迹连王，公卿请逮捕治王。太子迁谋令人衣卫士衣，持戟居王旁，汉使有非是者，即刺杀之，因发兵反。天子使中尉宏即讯王，王视中尉颜色和，遂不发。公卿奏："安壅阏奋击匈奴者，格明诏，当弃市。"诏削二县。既而安自伤曰："吾行仁义，反见削地。"耻之，于是为反谋益甚。

当朝廷开始调查雷被案时，刘安父子坐不住了。他们实在猜不透这件事要被办得多大。若仅仅是阻挠雷被入伍，大可以解释为私人恩怨，并不是存心针对朝廷政策。但刘安招贤纳士和储备军需物资的事情一旦败露，就是灭门的罪过了。那么，要不要先下手为强，直接兴兵造反呢？

《资治通鉴》省略了很多细节。武帝派使者来淮南国查案，刘迁做好了最坏的准备，只要见势不对，就当场刺杀使者，正式造反。但使者和颜悦色，只是简单询问了雷被的事情而已。刘安估计不会有什么大事，就未发动行刺计划。使者回长安汇报情况，朝廷大臣们建议：刘安阻挠朝廷政策，罪当弃市。

这是一个熟悉的套路：凡是这种案件，大臣们都会从严议罪，为的是给皇帝一个法外开恩、展示皇恩浩荡的机会。毕竟这时，刘安造反的形迹并没显现出来，雷被案可大可小。武帝果然法外开恩，决定削夺淮南国的两个县城，略示惩戒。

雷被案这样了结，按说刘安应长吁一口气才对，但他反而觉得遭受了羞辱，认为自己施行仁义却受到不公正待遇，从此更加积极地筹划谋反。

115
刘赐的后宫发生了怎样的争斗

雷被案牵出了淮南王刘安的谋反计划。这时的淮南国不过是一郡之地,又被削去两个县城,和黥布、刘长时代已没法相提并论。刘安以这点实力去造反,难道就没有一点自知之明吗?若说淮南王刘安对朝廷是否有不满,肯定有,并且在雷被案之后加剧了,但他是否真的多年处心积虑图谋造反呢?我们只要知道将来案件的主审法官是张汤,就会有几分将信将疑。退一步说,就算刘安利令智昏,但淮南国聚集着那么多精英人士,难道都看不懂局势,愿意拼上身家性命煽动刘安作死吗?

古人对此事没有产生太多怀疑——《史记》的记载具体而微,《汉书》并未给刘安翻案,《资治通鉴》也只是做了一些删繁就简的工作。按说卫子夫已被立为皇后,太子也已出生,刘安若仍寄希望于武帝英年早逝,然后诸王争位,天下大乱,自己凭借各方面的优势浑水摸鱼，已是彻头彻尾的痴心妄想。但不知为何，刘安矢志不渝，就是要造反。

刘赐备军

原文：

安与衡山王赐相责望，礼节间不相能。衡山王闻淮南王有反谋，恐为所并，亦结宾客为反具，以为淮南已西，欲发兵定江、淮之间而有之。

刘安的蠢蠢欲动被他的亲兄弟衡山王刘赐察觉到了。当年汉文帝为了在天下人面前立稳人设，将刘长的淮南国一分为三，分别封给了刘长之子刘安、刘勃、刘赐。刘赐和刘安虽是亲兄弟，但关系恶劣，谁都看不惯谁。刘安在旁边不安分，刘赐自然坐不住了，生怕有朝一日自己的衡山国会被刘安吞并，于是也开始招贤纳士，整军经武。

正如刘安的行为很难理解一样，刘赐的行为也匪夷所思，两兄弟似乎在比拼智商下限。这二人的故事紧密交织，所以司马迁把他们写进了同一篇传记，就是《史记·淮南衡山列传》。细心之人应该注意到了，以刘安和刘赐的身份，被写进"世家"才恰如其分。

但是他们竟然被降格写进了"列传",所以,恐怕在司马迁心里,这两人确实是乱臣贼子。

在《史记》里,衡山王刘赐没少为非作歹,性质比淮南王刘安的雷被案严重多了。武帝法外开恩,仅仅取消了刘赐自行任命二百石以上官员的权力。但刘赐因此就和被削夺两县的刘安一样想不开,也要造反。

后宫之争

原文:

衡山王后徐来谮太子爽于王,欲废之而立其弟孝。

刘安那边有一个成事不足、败事有余的太子刘迁,刘赐这边有过之而无不及,家里的女人、孩子个个都不是省油的灯。刘赐的王后生了两男一女,长子刘爽生来就是太子,次子名叫刘孝,女儿名叫刘无采。嫔妃徐来生了四个孩子,厥姬生了两个孩子。王后死得早,徐来升级成为王后,厥姬依然受宠。这样一来,刘赐的家庭就呈现出一种极其不稳定的关系。

厥姬的情绪最容易理解:明明我和徐来都是刘赐的宠妃,不相上下,凭什么上位的是她而不是我呢?徐来心里肯定也有人之常情的小算盘:我既然当了王后，就该搞掉刘爽和刘孝，把亲生儿子扶上太子之位。而太子刘爽也很别扭：就算我的太子地位不会动摇，但嫡庶关系该怎么算呢？徐来的四个孩子原本是庶出，现在难道算嫡出了吗？

这些内容都被司马光省略了，但以今天的眼光审视，对我们理解古代社会的宗法结构和婚姻制度很有帮助。先看这样一个问题：一个丧偶的男人能不能再娶一个妻子呢？

现代人很难想象，这在古代竟然是一个严峻的争议问题。当然，所谓"礼不下庶人"，底层百姓没那么多讲究，也讲究不起，而对于有点身份的人来说，就很有讲究的必要了。

先看反方意见：女人可以再有，但妻子的名分不能给。也就是说，续弦的女人虽是家里继任的女主人，操持着女主人该操持的一切，但名分上必须比前任矮一头。男人有资格妻妾成群，但严格意义上，成群的只能是妾，而妻子只有一个，死了就没有了。之所以如此规定，是为了保住嫡系血脉的唯一性。只有嫡系血脉是唯一并且无可争议的，才能最大限度地防范篡夺事件，保持家庭稳定。[1]假如这条礼法原则确定不移，

---

[1] 《白虎通疏证·卷十·嫁娶》："或曰：嫡死不复更立，明嫡无二，防篡煞也。"

那么在衡山王刘赐家里，王后过世之后，徐来只可代理王后，而不可成为第二任王后。只有这样，刘爽的太子地位才能稳稳当当，不被人觊觎。

再看正方意见：若妻子死后不能再娶一个妻子，而只能有代理妻子，那么在祭祀祖先时，让代理妻子做女主人，将会是对列祖列宗的亵渎。[1]

春秋年间，诸侯在葵丘会盟，盟约当中就有一条"无以妾为妻"。（《孟子·告子下》《公羊传·僖公三年》）在诸侯的国际会议上对家务事做这种约定，只能说明"以妾为妻"之事已不是一例两例，如果再不遏止这股不正之风，贵族世界赖以维系的嫡庶之别就会遭到毁灭性打击。

不难想见，这种规矩特别违背人情。男人愿意给女人千般宠爱，而女人看到正宫大位空缺，自然要为亲生骨肉争取最大利益，哪会甘于代理的身份呢？

古人也知道和人性作对绝非易事，所以设计过一个有妥协精神的解决方案："诸侯一聘九女，诸侯不再娶。"（《公羊传·庄公十九年》）也就是说，诸侯一辈子只能结一次婚，也就只能有一位妻子，但结的这次

---

[1] 《白虎通疏证·卷十·嫁娶》："適夫人死，更立夫人者，不敢以卑贱承宗庙。"

婚里，可把新娘的妹妹、堂姐妹等打包全收。如果妻子过世了，这些女人中地位最高的那个便顺位成为代理妻子。她们都是姐妹或堂姐妹关系，所以利益是一致的，不容易妒忌。

当然，这只是理论值，现实情况要混乱多了。但无论如何，这种思路被很好地延续了下来。即便到了秦汉以后，如果哪个人的妻子不幸过世，而妻子还有妹妹正值单身，那么妹妹续弦就是一种双方都很乐意的选择——既可以继续结两姓之好，并且妹妹作为后妈，也不容易虐待姐姐生的孩子。

衡山王刘赐的家庭生活显然过得相当随意，人物之间的利害关系也错综复杂起来。厥姬气不过原先和自己平级的徐来当了王后，于是想出一个挑拨离间、借刀杀人的办法。她对太子刘爽说："你妈妈是被徐来害死的。她指使自己的婢女，用巫蛊之术杀人于无形。"汉朝人迷信，武帝时最大的迷信就是巫蛊，简单讲就是采取针扎小人一类的手段。不信的人一笑了之，信的人惶惶不可终日。刘爽就这样恨上了徐来，甚至亲手刺伤了她的哥哥。

刘爽的冲动改变了敌明我暗的局面。而徐来为了对付他，首先采取孤立对手的战术，把刘爽同父同母的弟弟刘孝和妹妹刘无采都争取到了自己这边，几个人一起在刘赐面前说他的坏话。从此，不管发生了什么坏事，黑锅都能扣在刘爽头上。刘赐时不时要打刘爽一顿，父子关系迅速恶化。

116

刘赐是怎么犯上作乱的

为什么刘爽三兄妹没有抱团取暖,而太子刘爽被全家人孤立、诋毁,一母同胞的兄弟刘孝和妹妹刘无采竟然都站在了后妈徐来一边?

人伦闹剧

《资治通鉴》并没有讲刘赐一家的疯狂内耗,我们有必要借助《史记》,近距离观察一下当时诸侯王的家庭生活是怎样一番面貌。关于淮南王刘安和衡山王刘赐的谋反大案,《史记》给出了非常丰富的细节,应该来自当时的案卷卷宗,只是在酷吏张汤的操办下,恐怕有不少内容都是深文罗织的结果。比如,说刘安、刘赐加强军备,他们若只是制造一些刀枪、弓箭,也许可以勉强掩人耳目,但若是制造大型攻城器具,就实在没法保密了。因此,大概只是欲加之罪,何患无辞。这段历史当中，最可信的材料应该是家庭纠纷这一部分。

刘爽三兄妹反目的原因相当匪夷所思。刘无采本来已经嫁人，但不知什么原因，被丈夫休了，回到娘家后，私生活特别不检点，先和奴隶有私情，又和宾客不干不净。刘爽看不惯，训斥过妹妹好几次。刘无采恼羞成怒，从此和他决裂。

新问题来了：刘无采贵为诸侯翁主，竟也能被夫家休了？

具体原因不得而知，也不知她的夫家到底是谁。但从刘无采的私生活表现来看，只要夫家不是趋炎附势的无耻之徒，那么她被休也不令人意外。古代婚姻制度有所谓"七出三不去"，只要妻子犯了"七出"当中的一条，同时在"三不去"里一条不占，丈夫就有绝对的休妻理由，而"淫"就是"七出"之一。[1]

被休回娘家的刘无采看上去并无一点不好意思，以她的处境，面对徐来的示好，当然不会拒绝。至于刘无采的二哥刘孝，不知为什么也和徐来结成了统一

---

[1] 《孔子家语·卷六·本命解》："妇有七出，三不去。七出者：不顺父母者，无子者，淫僻者，嫉妒者，恶疾者，多口舌者，窃盗者。三不去者：谓有所取而无所归，一也。与共更三年之丧，二也。先贫贱后富贵，三也。"

阵线，一起诋毁太子刘爽。也许刘孝当时年少无知，在心里打着小算盘，觉得只要搞掉刘爽，太子之位自然就能轮到自己。此时大概推恩令还未出台，即便出台了，搞掉一个兄弟就等于家产可以少切一份，这总是好的。但刘孝似乎没有想过，徐来容不下刘爽，难道就容得下自己？

在徐来的一系列运作之下，刘赐和刘爽的父子亲情已彻底破裂，刘爽被废只是一个时间问题。到了这一步，徐来未雨绸缪，开始给刘孝下套了。

徐来有一名侍女，舞跳得好，颇受刘赐的宠幸。徐来的计划是，让这名侍女和刘孝发生关系，拿这件事来激怒刘赐，等到刘爽、刘孝兄弟都被淘汰出局，自己的亲儿子刘广就可以上位成为太子了。

拼死一搏

刘孝和那名侍女可能真的发生了关系，但徐来还未进行下一步，忽然生出变故：刘爽出来搅局了。

刘爽并不知道徐来要对刘孝下手，只知道她一直处心积虑对付自己，而自己已被全家人彻底孤立，那么为求自保，唯一的办法似乎就是和这位后妈修补裂痕，化干戈为玉帛。但彼此的关系已恶化到这种地步，怎样才可以化干戈为玉帛呢？刘爽不走寻常路，决定和后妈通奸。

只可惜徐来不是刘无采，刘爽为命运做的全力一搏毫无悬念地变成了作死。刘爽只有狗急跳墙，对父亲撂下一句狠话："刘孝和您宠爱的侍女有私情，刘无采和奴隶有私情，您就好好保重身体吧，儿子我向皇帝上书去了！"

刘爽既愤怒又绝望，豁出去要拼个鱼死网破。如果没被情绪冲昏头脑，他并不难跑出衡山国，到长安告御状。但他明明白白地发出了恐吓，老父亲哪能容他跑掉？刘赐亲自驾车把刘爽抓了回来，锁在王宫里。

事情发展到这一步，刘爽的太子地位就算彻底没了，只剩下走流程、办手续。

但徐来也没能如愿，因为刘赐对刘孝竟然越看越爱，似乎没了刘爽的一叶障目之后，才注意到刘孝是如此的光彩照人、可堪大用，至于刘孝和自己宠爱的侍女有奸情的说法，管它是真是假，已不重要。

以上这段内容，可信度似乎比较高，前前后后构成了一幕豪门背景的人伦闹剧。但接下来的事情就有点离谱了，很可能来自朝廷专案组的诬陷。我们要有"尽信书则不如无书"的审慎，才好跟进剧情的发展。

原文：

王囚太子而佩孝以王印，令招致宾客。宾客来者微知淮南、衡山有逆计，日夜从容劝之。王乃使孝客江都人枚赫、陈喜作辒车、锻矢，刻天子玺、将相军吏印。

刘赐虽然还没给刘孝正式的太子身份，但已然把他当成太子。刘赐安排刘孝住在王宫之外，给他将军头衔、衡山王大印，还有大笔钱财，让他广招宾客。这些信息综合起来，显然就是招兵买马、筹备造反的意思。

宾客们也不傻，看出端倪之后，整天在刘赐身边煽风点火，投其所好。用今天的话说，刘赐就这样被困进信息茧房，胆子越来越大，私刻天子和各级文武官员的印玺，好在造反之后封官许愿。此外，刘赐还努力寻找周丘那样的英雄豪杰，复盘研究"七国之乱"时的攻杀战守。

周丘其人，在"七国之乱"中留下过浓墨重彩的一笔。他几乎只凭一己之力，以奇谋妙计攻城略地，滚雪球般地滚出一支十多万人的军队，连战连捷，把支线剧情打得如火如荼。若不是因为主线剧情过早结束，估计用不了多久，周丘就会横扫齐、赵，并吞燕、代，和周亚夫展开巅峰对决。至于谁胜谁负，还很难说。[1] 站在吴王刘濞的角度复盘那段历史，最令人扼腕的应该就是他没能重用周丘。

刘赐搞出这么多动作，按照《史记》的记载，他却并没有像淮南王刘安那样觊觎皇位，只是担心刘安造反后会吞并自己的衡山国，所以想等到刘安起兵、西入长安时，趁火打劫，拿下整个江淮地区。

那么问题来了：既然刘赐并无觊觎皇位的野心，私刻皇帝印玺又是为什么呢？更加令人费解的是，他搞出如此之大的动静，宾客当中但凡有一人具备正常智力，就该想到自己可以去长安检举，立下奇功一件，何必陪着刘赐一道作死呢？再者，刘赐虽贵为衡山王，却连自行任命二百石官员的权力都没有，实质上不过是一个富家翁，他这样大张旗鼓地做事，怎么可能不走漏风声？

秘密结盟

原文：

秋，衡山王当入朝，过淮南，淮南王乃昆弟语，除前隙，约束反具。衡山王即上书谢病，上赐书不朝。

---

[1] 详见前文第034讲。

元朔五年（前124年），也就是公孙弘升任丞相的那一年，刘赐在秋天入朝，不知为何竟顺道拜访了相看两厌的淮南王刘安。刘安也不知为何突然跟他称兄道弟、拉近感情。就这样，"相逢一笑泯恩仇"，同胞兄弟尽弃前嫌，秘密结盟，约定好联合起兵事宜。于是，刘赐改变计划，向朝廷请了病假。

两兄弟的联盟，乍看很像景帝时代吴王刘濞和楚王刘戊的联盟，但二者实力相差太远。当年刘濞在吴国苦心经营几十年，又是煮盐，又是铸钱，富甲天下，甚至有能力给吴国百姓全面免税。而淮南王刘安和衡山王刘赐，论国土只有弹丸之地；论权力根本不能自由支配国内的人力物力，更别提调动军队；论财力虽可穷奢极欲，甚至养一批文人玩文学、搞创作，但距离招兵买马差得太远。

《史记·淮南衡山列传》结尾有一段"太史公曰"，说刘安、刘赐搞叛乱，勇于作死，虽然自身有错，却怪荆楚之地民风浇薄，自古以来就喜欢犯上作乱。这番话等于在打刘邦的脸——刘邦就是楚人。在《史记》的时代编排中，秦之后是楚，楚之后才是汉，项羽和刘邦都是楚人，同为楚怀王的部下。

无论情节还是评论，《史记·淮南衡山列传》都让人惊愕，不敢轻信。但古人把这段历史当成信史，很少有人怀疑其中的冤狱成分。刘安和刘赐到底是怎样造反的，又是怎样被镇压的，《资治通鉴》后文会有详细交代，而元朔五年的大事件到此结束。

汉武帝元朔六年

―――― 117 ――――

霍去病是怎么立功封侯的

匈奴降将

原文：

（六年）

春，二月，大将军青出定襄，击匈奴。以合骑侯公孙敖为中将军，太仆公孙贺为左将军，翕侯赵信为前将军，卫尉苏建为右将军，郎中令李广为后将军，左内史李沮为强弩将军，咸属大将军。

武帝元朔六年（前123年），元朔年号的最后一年，重心依然是北征匈奴，主角依然是大将军卫青，而比卫青更能打的霍去病正是在这一年登上了历史舞台。

当年春二月，卫青以大将军身份北征匈奴，麾下有公孙敖、公孙贺、苏建、李广、李沮等人，这些都是老面孔。唯一的新面孔是前将军翕侯赵信。这个人物很重要，若只看头衔和姓名，会以为他是汉朝开国功臣的后代、某位军功侯的继承人，但他其实是一名归降的匈奴首领。元光四年（前131年），也就是魏其侯窦婴被杀那年，赵信受封翕侯。元朔二年（前127年），也就是卫青大败匈奴、收复河南地那年，赵信也在军中立功，封邑增加了"千六百八十户"。（《汉书·景武昭宣元成功臣侯表》）同样身世的还有一位赵安稽，原本是匈奴首领，归降之后受封昌武侯，追随霍去病打匈奴立了功，增加了封邑。至于两人为何都姓赵，姚薇元先生解释：匈奴人只有名，没有姓氏，这是用名字的第一个音节译成的汉姓。（姚薇元《北朝胡姓考》）

景帝时代，曾有六名匈奴首领归降汉帝国。汉景帝准备封这六人为侯，希望借此高调表明朝廷的态度，诱使更多匈奴人归顺。周亚夫表示反对，理由冠冕堂皇。他说如果封这些归降者为侯爵，就等于奖励变节的人，这样的话，如果汉帝国有人变节，该以怎样的立场抨击他们呢?[1]这种事在景帝一朝还有争议,到了武帝一朝就见怪不怪了。汉帝国对主动归降的匈奴首领,不但可以封侯,还可以让他们带兵出塞,攻打匈奴。

败军之将

原文:

斩首数千级而还,休士马于定襄、云中、雁门。

赦天下。

夏,四月,卫青复将六将军出定襄,击匈奴,斩首虏万余人。右将军建、前将军信并军三千余骑独逢单于兵,与战一日余,汉兵且尽。信故胡小王,降汉,汉封为翕侯,及败,匈奴诱之,遂将其余骑可八百降匈奴。建尽亡其军,脱身亡,自归大将军。

这次出征,《汉书》记载汉军总兵力"兵十余万骑",战果是"斩首三千余级"。(《汉书·武帝纪》)这又是一场不小的胜利,军队就近在定襄、云中、雁门三座边郡休整,朝廷大赦天下。而军队之所以就近

---

[1] 详见前文第044讲。

休整，是因为当年夏四月，原班人马便再度北征。这一次打得更狠，直接穿越沙漠，"斩首虏万余人"。

这是总体的战果，局部也有失利。右将军苏建和前将军赵信合兵一处，一共三千多名骑兵，遭遇了单于亲自统率的匈奴主力。两军激战一天多，汉军几乎全军覆没。在这种危急时刻，赵信迅速做出一个重要人生决定：带着手下八百名骑兵投降，回归族人的怀抱。苏建则坚持战斗，最后兵都打光了，自己一人逃出生天，找到了卫青的军营。

这给卫青出了一个难题：该如何处置苏建这个败军之将？

今天我们阅读史料，并不觉得苏建有何过错。他在寡不敌众的局面下，战斗到最后一兵一卒，自己侥幸逃脱。即便换作卫青，大概也没法做得更好。但如果站在卫青的角度，我们会发现，这些都是苏建的一面之词。谁也不知他是否真的遭遇了强大的匈奴主力，拼死力战到最后一刻；是否真的指挥得当，尽最大努力去杀伤敌人、保全实力。唯一可以确认的事实是，右将军和前将军的两支军队被清零了。如果赏罚只看结果，那么当场以军法杀了苏建也不为过。

原文：

议郎周霸曰："自大将军出，未尝斩裨将。今建弃军，可斩，以明将军之威。"军正闳、长史安曰："不然。兵法：'小敌之坚，大敌之禽也。'今建以数千当单于数万，力战一日余，士尽，不敢有二心，自归，而斩之，是示后无反意也，不当斩。"

大将军曰："青幸得以肺腑待罪行间，不患无威，而霸说我以明威，甚失臣意。且使臣职虽当斩将，以臣之尊宠而不敢擅诛于境外，而具归天子，天子自裁之，于以见为人臣不敢专权，不亦可乎？"军吏皆曰："善！"遂囚建诣行在所。

卫青有点拿不定主意，于是找来几名副官商量。一个叫周霸的人提出方案：自从大将军出征以来，还从未以军法斩过部将。如今苏建抛弃了自己的军队，大将军正好可以杀他立威。

周霸的方案，重点并不在于苏建该如何罪当其罚，而在于借苏建树立卫青生杀予夺的权威，进一步提升他的领导力。

反对意见说：苏建以几千人对战单于几万人，打到这个结果，难道有什么错吗？如果杀了苏建，以后打了败仗的人，谁还敢回来？

这番话的合理性在于，纵观世界战争史，战斗到最后一兵一卒是很罕见的。因为战损比一旦突破临界值，士气就垮了，这时只要有一个人心态崩溃、掉头就跑，而又没被当场处决，那么整支军队就会迅速溃散，指挥官根本无法约束。所以苏建情有可原，如果问罪处斩，会对全军将士造成不良影响。

正反两方的意见各有道理，这就要考验指挥官了。而对于指挥官来说，因为永远会面对五花八门的意见和纷繁复杂的信息，决断力才是稀缺资源。

卫青首先否定了周霸的方案，说自己既然被皇帝委以重任，就不缺乏权威，不用杀人立威。

而卫青也没有接受反方意见。他说就算自己有权力和权威在军中斩杀大将，但若把事情的原委上报皇帝，由皇帝亲自裁决，以此来彰显臣子不敢专权的操守，不也可以吗？

这番话说得八面玲珑。卫青虽然反驳了周霸，但并未因此下结论说苏建无罪，而是自然而然地把难题推给了皇帝，同时还暗示自己并不是踢皮球、不敢担责任，而是尽臣子的本分，给为臣之道做表率。

立功封侯

原文：

初，平阳县吏霍仲孺给事平阳侯家，与青姊卫少儿私通，生霍去病。去病年十八，为侍中，善骑射，再从大将军击匈奴，为票姚校尉，与轻骑勇八百，直弃大军数百里赴利，斩捕首虏过当。于是天子曰："票姚校尉去病，斩首虏二千余级，得相国、当户，斩单于大父行藉若侯产，生捕季父罗姑，比再冠军，封去病为冠军侯。上谷太守郝贤四从大将军，捕斩首虏二千余级，封贤为众利侯。"

是岁，失两将军，亡翕侯，军功不多，故大将军不益封，止赐千金。右将军建至，天子不诛，赎为庶人。

虽然这场战役取得了不错的战果，但因为苏建、赵信两支军队全部折损，赵信降敌，总体成绩不太出彩，所以卫青作为总指挥官并没有被增加采邑，只是拿到了一份高额奖金。苏建得到了武帝还算宽大的处理，缴纳赎金，赎回性命，身份跌回了平民。

当然，也有立功封侯的人。上谷太守郝贤前后四次追随卫青出征，斩首和俘虏的总数超过两千，受封众利侯。但郝贤的光彩被一名年轻军官遮掩了——年仅十八岁的票姚校尉霍去病率领轻骑兵八百人，远离主力部队几百里，不但斩获的数量和郝贤四次出战的总和相当，而且砍了好几个匈奴大首领的首级，还活捉单于的叔父。武帝很兴奋，下诏嘉奖："……生捕季父罗姑，比再冠军，封去病为冠军侯。"什么叫"比再冠军"，有人强行解释，也有人认为"比"字应该断到前一句里，单于的叔父不叫罗姑，而叫罗姑比。总之，霍去病的功劳冠绝全军，所以受封冠军侯。

别人封侯，侯爵的名称都是从采邑来的——比如郝贤受封众利侯，众利是琅琊郡内的一座县城，在今天山东省诸城境内。而霍去病才一出场就这么特殊，侯爵的名称不是来自采邑，而是来自表现。

霍去病不是第一个获此殊荣的。早在秦楚之际，楚怀王便曾封宋义为卿子冠军，这是"冠军"名号之始。[1]只不过宋义当时寸功未立，全凭眼力、口才和运气得到这个职位，实不至而名归。所以后人提到"冠军"，第一个想到的总是霍去病，没人记得宋义。

裙带关系

那么，霍去病到底是怎么脱颖而出的呢？很巧，

---

[1] 详见《资治通鉴熊逸版》（第三辑）第060讲。

和卫青一样，凭裙带关系。

卫青的发迹是因为姐姐卫子夫。卫子夫在平阳公主家做舞女时，上面还有两个一母同胞的姐姐。因为母亲卫媪是平阳侯家里的婢女，所以这姐弟几人从一出生就是平阳侯的家奴。

前文讲过，这种身份的家奴叫作家生奴。如果家生奴继续生儿育女，不出意外，就会世世代代做同一家主人的奴隶。容貌姣好的女奴很容易成为男人的猎物，卫子夫的二姐卫少儿也不例外，和开国功臣陈平的后人陈掌有过一段露水姻缘。

卫子夫显贵之后，反而轮到陈掌沾卫少儿的光了——陈掌虽是陈平的后人，但并非爵位继承人，谈不上什么政治前途。武帝是因为卫子夫才会关怀卫少儿，又因为卫少儿才召见陈掌，对他特别提拔。陈掌也就完全不在意门第差异了，娶了卫少儿为妻。

不过，卫少儿做婢女时的相好可不只陈掌一个。平阳县吏霍仲孺曾到平阳侯家做事，顺便和卫少儿生了一个儿子，就是霍去病。这种事情是不是听起来很耳熟呢？当初平阳县吏郑季正是在平阳侯家当差时，因利乘便和卫媪有了私情，生了卫青三兄弟。[1] 对卫少儿

---

[1] 详见前文第062讲。

来说，霍仲孺的到来就像是历史重演，或者说是来自原生家庭的路径依赖。

《资治通鉴》记载，霍去病十八岁时，和当年的卫青一样做了侍中，也就是有了给皇帝端尿壶的资格。他也像卫青一样因为擅长骑射，所以出征立功，小小年纪就以冠军封侯。

118

汉武帝怎么给卖官开了口子

我行我素

霍去病年仅十八岁就勇冠三军,受封冠军侯。那么,卫少儿出嫁时把霍去病也带到陈掌家了吗?这一家人会怎么相处呢?

通过卫子夫、卫青、霍去病看当时的婚姻家庭关系,是一件特别让人大开眼界的事。

从《汉书》的记载来看,霍仲孺在平阳侯家当完差,就回去娶妻生子了,生的孩子就是后来执掌汉帝国最高权柄的权臣霍光。既然娶了妻、生了子,霍仲孺作为县里的一名基层办事员,从此便开启了好男人的人设,和卫少儿母子断绝了往来。

而卫少儿未婚生子,在奴隶的世界里算不得多大罪过。主人家更不会介意,因为生下的孩子自然就是家生奴,是来历最清白、用起来最顺手的新一代奴隶。

所以，霍去病作为私生子，即便父亲不认自己，不给母亲抚养费，也不用操心生计。很快，命运发生逆转，卫子夫进宫，而武帝又是一个特别爱屋及乌的人，卫少儿因此摆脱了奴隶身份，一步登天。后来卫少儿正式嫁给了先前有过露水姻缘的贵公子陈掌，只是这段婚姻的起始时间无法确定。

无论如何，陈掌通过卫少儿和皇帝做了连襟。如果说他为此做出了什么牺牲，那就是以陈平后人的血统娶了奴隶出身的卫少儿，有可能还接纳了她和霍仲孺的私生子霍去病。也就是说，在卫少儿嫁给陈掌之后，霍去病应该生活在陈掌家，而且可能并不知自己的亲生父亲是谁。至于在那些年里，霍去病是不是姓霍，已不得而知。

正因为卫少儿的关系，霍去病才有资格进入皇宫，做了武帝身边的侍中。这时，霍去病应该已经知道自己的身世，但对于那个远在平阳县过着小吏生活的生父霍仲孺，他并没有去主动联系。（《汉书·霍光金日䃅传》）

今天读这段历史，我们不得不佩服汉武帝那种我行我素、爱屋及乌的性格。因为若非如此，卫青、霍去病这两颗中国历史上的耀眼将星注定会被埋没。要知道，论血统，卫青、霍去病不但是家生奴，而且属

于奸生子，位于伦理鄙视链的最底端。（［清］梁松年《梦轩笔谈·卷十九》）

远走漠北

原文：

单于既得翕侯，以为自次王，用其姊妻之，与谋汉。信教单于益北绝幕，以诱罢汉兵，徼极而取之，无近塞。单于从其计。

霍去病会不会认祖归宗，《资治通鉴》后文会讲。现在看匈奴那边，伊稚斜单于招降了翕侯赵信，简直如获至宝，不但封他为自次王，还把姐姐嫁给了他。至于自次王的含义，颜师古在《汉书·匈奴传》的注释里望文生义，说这是"尊重仅次于单于"的意思。总之，伊稚斜得到赵信，就像《三国演义》里刘备得到诸葛亮。要知道赵信本是匈奴头领，归降汉帝国后，又是封侯，又是以将军身份出征，时间大约有九年之久，是一个不折不扣的汉帝国通。

赵信果然给伊稚斜提了一个重要建议：往北走，到沙漠北边去，远离汉帝国边塞。这样，汉帝国若想再次北征，就必须穿越沙漠、劳师袭远，匈奴就能够以逸待劳、轻松取胜。

不难看到,赵信的建议纯属防御性军事策略。匈奴整体北迁虽然给汉军的北征制造了极大困难,但匈奴再想侵入汉帝国边塞烧杀抢掠,同样不易了。

对此,《资治通鉴》的记载是"单于从其计"。赵信的建议相当于给了伊稚斜单于一个台阶,这样,向北方撤退就属于诱敌深入、以逸待劳的战略构思,而非打不过之后仓皇逃跑了。

财政耗竭

原文:

是时,汉比岁发十余万众击胡,斩捕首虏之士受赐黄金二十余万斤,而汉军士马死者十余万,兵甲转漕之费不与焉。于是大司农经用竭,不足以奉战士。

这一时期的汉匈关系,从互有攻防变成汉帝国不遗余力地进攻,匈奴不断向北退却,被迫采取守势。看似汉帝国连年高奏凯歌,势不可挡,但这一切的背后是国家财政的耗竭。

每次北征之后,朝廷都要奖励有功将士,相当于把朝廷从民间聚敛来的财富还之于民。随着仗越打越多，赏赐金额也逐年增加，黄金耗费高达二十多万斤。再加上朔方郡、犍为郡和苍海郡的建设，国家财政已入不敷出的情况。

于是，就在卫青、霍去病大展雄图，汉帝国节节胜利，伊稚斜单于被迫退守大漠以北时，汉帝国竟然财政告急。如果再策划一次北征，等到凯旋时，国家已拿不出钱来论功行赏了。更何况杀敌一千，自损八百，汉帝国的人马死亡已到了十几万的规模，后勤损耗还不计算在内。也就是说，文景之治所有的积蓄，到这时已经消耗殆尽。摆在朝廷面前的问题很严峻：究竟该怎么搞钱？

原文：

六月，诏令民得买爵及赎禁锢，免减罪。置赏官，名曰武功爵，级十七万，凡直三十余万金。诸买武功爵至千夫者，得先除为吏。吏道杂而多端，官职耗废矣。

面对这种问题，全世界的古代政权都不外乎两种办法：要么横征暴敛，要么卖官鬻爵。武帝采取的是后一种办法。他设置了一种全新的爵位——武功爵。

武功爵到底怎样取得，史料的记载相当含混。但大体可知，不管是谁，只要花得起钱，就可以购买武功爵。爵位只要到达"千夫"这个级别，就可享受授官的优先权。简单讲，如果某个职位出现空缺，朝廷就会把它优先授予有"千夫"级别的人，而无论此人是否称职。

这样，官员的晋升途径就会乱套，管理表现不佳也就在情理之中了。历史学家何兹全先生说："汉因袭秦爵制，分二十等，第九级五大夫以上可免徭役。武帝又立武功爵，分十一级，第七级千夫以上免徭役。有钱的人可以买爵，这样一来，兵役的负担更集中在一般贫苦农民身上。随着战争的延续，农民流亡破产的现象一天天严重起来。武帝解决农民破产问题的办法：一是大量以奴隶和罪人为兵，以减轻农民的兵役负担。这一办法是晁错对文帝的建议，武帝实行了。二是徙贫民于边境屯田。但这两种办法不能解决问题。在商人和大地产所有者的兼并威胁下，小农、罪人、奴隶本是一体的。"（何兹全《何兹全文集》）

另一位历史学家吕世浩先生有一种独特的看法，认为武功爵的发明作为汉帝国的一项制度创新，为的就是在国库空虚的情况下以头衔奖励军功。获得武功爵的人可以卖掉爵位，以收益代替朝廷赏赐。具体的操作方式有以下四种：

第一，凡军人有武功爵还愿意做官的，那就给他官做，大官和小官都有。

第二，百姓买武功爵，买到第五级以上的，就可成为基层政府的候补干部。

第三，买爵买到第七级的，可享有免役特权。如果犯了罪，刑罚可以减二等。

第四，买爵最高只能买到第八级。第九级以上的爵位只能授予有军功的人。

于是，富人和军人纷纷借由武功爵而踏上仕途。官僚体系因此有点乱套了。（吕世浩《平准与世变——〈史记·平准书〉析论》）

为了解决迫在眉睫的财政困难，不论中外，对于皇帝来说，"鬻爵"都是一个常规选项，并不容易对政治造成太大的伤害。但"卖官"就不一样了。官员是有行政权力的，大可以竭泽而渔，对买来的权力做利益最大化的使用，这就会大大破坏民间的经济秩序。武帝推行武功爵，虽然并不是明确地"卖官"，但实质上已经给"卖官"开了口子。从此以后，只要花钱就有机会做官，官僚体系的原有秩序就这样被破坏了。

元朔六年的大事件到此结束。

汉武帝元狩元年

119

中国历史上的年号是怎么开始的

捕获神兽

原文:

(元狩元年)

冬,十月,上行幸雍,祠五畤,获兽,一角而足有五蹄。有司言:"陛下肃祗郊祀,上帝报享,锡一角兽,盖麟云。"于是以庆五畤,畤加一牛,以燎。

这一讲开始一个崭新的年号,武帝元狩元年(前122年),终于到了年号正式出现的时间。

本年年初,冬十月,武帝在雍县搞祭祀,捕获一头奇怪的动物,"一角而足有五蹄",大概是一只独角兽,还有五条腿。既然前所未见,谁都不认识,那就可以自由发挥、随意解释了。有关部门给出鉴定结果:"这应该是麒麟!"

麒麟现身实在是莫大的祥瑞,标志着河清海晏、盛世无双。那么,该拿这只麒麟怎么办呢?

古人的处理方式和现代人完全不同。他们直接杀了麒麟,并且焚烧祭祀五色天帝。有关部门创作了一首《白麟之歌》,《汉书·礼乐志》记载了歌词:"朝陇首,览西垠,雷电寮(liáo),获白麟。爰五止,显黄德。图匈虐,熏鬻殛(jí)……"说的是在陇首极目向西北远眺,雷鸣电闪之下猎获有五条腿的白色麒麟,彰显出"黄德",匈奴被打得走投无路。

按说歌词里的"黄德"应该是指五德终始说里的土德,文帝年间,陇西出现的黄龙就被认为是土德的祥瑞。但不知为何,这只白色的麒麟竟也被当成土德的祥瑞了。无论如何,有了这首《白麟之歌》,麒麟虽死,精神永存。

创立年号

原文:

久之,有司又言:"元宜以天瑞命,不宜以一二数,一元曰建,二元以长星曰光,今元以郊得一角兽曰狩云。"于是济北王以为天子且封禅,上书献泰山及其旁邑;天子以他县偿之。

许久以后,有关部门以这只既祥瑞又不幸的麒麟为由,提出一个划时代的创见——帝王的年号应根据祥瑞命名,而不是简单地使用数字编号。所以,武帝登基第一个时段的年号应该称"建";后来天上有大彗星出现,所以第二个时段的年号应该称"光";而今年猎获一只麒麟,应该开启一个新的年号,称"狩"。

这就意味着,从猎获麒麟这一年开始有了年号,称为元狩。然后向前追溯,武帝登基的第一个六年以"建元"为年号,第二个六年以"元光"为年号,第三个六年以"元朔"为年号——为何叫元朔,史料没有解释,可能是从当时兴建朔方城而来。那么,猎获麒麟之后,到底过了多久才开始创设年号呢?《资治通鉴》没具体讲,只有"久之"二字。司马光之所以含糊其词,是因为创设年号的具体时间实在无法确定。我们看现代各种历史专著，会看到五花八门的考证和推测，时间点基本落在元狩年间，但也有更早的，比如《剑桥中国秦汉史》定在了元鼎四年（前113年）。（［英］崔瑞德、鲁惟一著，杨品泉等译《剑桥中国秦汉史》）

此事无法深究，即便是猎获麒麟的时间也有争议，不过我们只看重点：《史记》中有一篇《太史公自序》，交代了创作原委："昔西伯拘羑里，演《周易》；孔子厄陈蔡，作《春秋》；屈原放逐，著《离骚》；左丘失明，厥有《国语》……"而在这段话最后，太史公说："于是卒述陶唐以来，至于麟止，自黄帝始。"也就是说，太史公撰述历史，把时间线截止在猎获麒麟这一年。这里充分显示出司马迁的雄心：他要效法孔子，他创作的《史记》要效法《春秋》。

儒家传说，孔子作《春秋》，绝笔于获麟。《春秋》的编年截止于鲁哀公十四年（前481年），那一年猎获了一只怪兽，只有孔子认出它是麒麟。孔子看着它，一边哀叹连连，一边涕泪淋淋，最后说出四个字："吾道穷矣。"

这段记载来自《公羊传》。孔子之所以悲伤欲绝，是因为麒麟本该在盛世出现，却偏偏在礼崩乐坏之年被人抓到，宇宙简直乱套了。孔子或许从这只麒麟身上看到了自己的影子，认清自己这一生孜孜以求的政治理想终归没有实现的可能,那么《春秋》就到此绝笔,字里行间所寄托的圣王之道只能希望由后人发现了。

司马迁生活的时代,正是公羊学大行其道的时代,使他深受影响。《史记》绝笔于获麟,我们只要联想到《公羊传》,就能猜到司马迁的隐含之意是抨击武帝时代的政治败坏、民生凋敝,只是表面上维持着一副汉家隆盛的假象而已。不过,《太史公自序》里那位太史公到底是司马谈还是司马迁,学者们莫衷一是,倒也不必深究。

武帝获麟之后,远在齐地的济北王刘胡敏锐地捕捉到中央这一系列动作所传达的政治信号,判断武帝下一步要举行封禅大典。于是他果断上书,将封国境内的泰山和泰山旁边的县城献给朝廷。武帝欣然接受,但也不让刘胡吃亏,给他另外几个县城作为补偿。

刘胡的判断相当准确。表面看来,他是在主动割肉,实际上就算武帝不给他任何补偿,他也有强烈的动机把这些土地交出去。否则,等武帝浩浩荡荡来泰山封禅,单是接待任务就能把刘胡压死,而只要接待过程中有任何纰漏,都可能招致灭顶之灾。

刘安谋反

原文：

淮南王安与宾客左吴等日夜为反谋，按舆地图，部署兵所从入。诸使者道长安来，为妄言，言"上无男，汉不治"，即喜；即言"汉廷治，有男"，王怒，以为妄言，非也。

王召中郎伍被与谋反事，被曰："王安得此亡国之言乎？臣见宫中生荆棘，露沾衣也！"王怒，系伍被父母，囚之。三月，复召问之，被曰："昔秦为无道，穷奢极虐，百姓思乱者十家而六七。高皇帝起于行陈之中，立为天子，此所谓蹈瑕候间，因秦之亡而动者也。今大王见高皇帝得天下之易也，独不观近世之吴、楚乎！夫吴王王四郡，国富民众，计定谋成，举兵而西，然破于大梁，奔走而东，身死祀绝者何？诚逆天道而不知时也。方今大王之兵，众不能十分吴、楚之一，天下安宁，万倍吴、楚之时，大王不从臣之计，今见大王弃千乘之君，赐绝命之书，为群臣先死于东宫也。"王涕泣而起。

就在武帝这边祥瑞临门、形势一片大好时，淮南王刘安正忙得不可开交，没日没夜地和宾客们研究地图，规划进军长安的路线。淮南国的使节有从长安回来的，若汇报说皇帝还没生出儿子，中央政府腐败堕落，刘安就笑逐颜开；若汇报说皇帝已有儿子，政治也井然有序，刘安就气急败坏，不肯相信。

《资治通鉴》这段记载令人费解，因为早在六年之前的元朔元年（前128年），卫子夫就为武帝生了儿子，也就是后来的戾太子刘据，只是这时还没被正式立为太子。这种板上钉钉的事情，难道刘安真的可以掩耳盗铃吗？

原因有两个：一是司马光没理顺时间线，二是刘安谋反案存在栽诬成分，并不容易自圆其说。所以读刘安案的始末，观其大略即可，不能太较真。

刘安有一个很器重的人才，名叫伍被（pī）。刘安找他商量造反事宜，没想到却被他苦口婆心地劝谏。刘安先是大怒，囚禁了伍被的父母，后来逐渐被伍被说动，打消了叛乱的念头。

刘安之死

原文：

王有孽子不害，最长，王弗爱，王后、太子皆不以为子、兄数。不害有子建，材高有气，常怨望太子，阴使人告太子谋杀汉中尉事，下廷尉治。

王患之，欲发，复问伍被曰："公以为吴兴兵，是邪，非邪？"被曰："非也。臣闻吴王悔之甚，愿王无为吴王之所悔。"王曰："吴何知反！汉将一日过成皋者四十余人；今我绝成皋之口，据三川之险，招山东之兵，举事如此，左吴、赵贤、朱骄如皆以为什事九成，公独以为有祸无福，何也？必如公言，不可徼幸邪？"被曰："必不得已，被有愚计。当今诸侯无异心，百姓无怨气，可伪为丞相、御史请书，徙郡国豪杰高赀于朔方，益发甲卒，急其会日；又伪为诏狱书，逮诸侯太子、幸臣。如此，则民怨，诸侯惧，即使辩士随而说之，傥可徼幸什得一乎！"王曰："此可也。虽然，吾以为不至若此。"

于是王乃作皇帝玺，丞相、御史大夫、将军、军吏、中二千石及旁近郡太守、都尉印，汉使节。欲使人伪得罪而西，事大将军，一日发兵，即刺杀大将军。且曰："汉廷大臣，独汲黯好直谏，守节死义，难惑以非，至如说丞相弘等，如发蒙振落耳！"

王欲发国中兵，恐其相、二千石不听，王乃与伍被谋，先杀相、二千石。又欲令人衣求盗衣，持羽檄从东方来，呼曰："南越兵入界！"欲因以发兵。

会廷尉逮捕淮南太子，淮南王闻之，与太子谋，召相、二千石，欲杀而发兵。召相，相至，内史、中尉皆不至。王念，独杀相，无益也，即罢相。王犹豫，计未决。太子即自刭，不殊。

伍被自诣吏，告与淮南王谋反踪迹如此。吏因捕太子、王后，围王宫，尽求捕王所与谋反宾客在国中者，索得反具，以上。下公卿治其党与，使宗正以符节治王。未至，淮南王安自刭。杀王后荼、太子迁，诸所与谋反者皆族。

没想到刘安家和衡山王刘赐家有同样一本难念的经——刘安庶出的孙儿刘建暗中派人到长安告发自家的阴谋。武帝派廷尉查办。这样一来，刘安只能旧事重提，又找伍被商量如何造反。伍被劝说无果之后，终于顺从了刘安。但诸事不顺，逼得刘安一直下不了决心。太子刘迁见势不妙，竟然畏罪自杀，却偏偏被救活了。而伍被看到大势已去，果断背叛了刘安，到朝廷使者那里揭发他。

案件的结局：刘安自刎，全家被杀。淮南国从此撤销，变成中央直辖的九江郡。

我们复盘历史，很容易看出刘安的取死之道。即便他心智正常，从未动过谋反的念头，但他把淮南国经营成南方的文化学术中心，这在任何时代都是被皇权忌惮的事情。当初河间献王刘德把自己的河间国经营成儒家学术中心，导致武帝猜忌，于是刘德赶紧改弦更张，像纨绔子弟一样纵酒享乐，才落得一个善终。[1] 刘德的前车之鉴，刘安竟然完全没有警觉。

刘安搞的学术，底子是道家哲学，所以至迟在东汉年间，就已流传刘安得道成仙的故事：刘安成仙的那天，全家都升天了。因为仙药炼制得太多，连家里的鸡犬都有的吃，所以"犬吠于天上，鸡鸣于云中"，鸡犬都跟着刘安一道升天了。成语"一人得道，鸡犬升天"就是这么来的。(《论衡·卷七·道虚》)

署名葛洪的《神仙传》里还提到，刘安的修仙法门是由"八公"，也就是八位登门拜访的仙人所传授的。仙药炼成之后，刚好雷被、伍被一道污蔑刘安谋反，八公便告诉刘安现在可以离开尘世了，于是刘安登上山顶，在白日里飞升而去。刘安升天的那座山，后来被命名为八公山。(《神仙传·卷四》)

---

[1] 详见前文第083讲。

120

刘安和刘赐是怎么被斩尽杀绝的

泽被万世

那么,传说中传授刘安炼丹技法、指引他得道升仙的所谓"八公",会不会是"八仙过海"中的"八仙"呢?

这个问题乍一听莫名其妙,因为我们熟悉的"八仙过海"故事里,至少吕洞宾、张果老都是有确切记载的唐朝人,不可能到汉朝去接引刘安升仙。但"八公"其实真有可能是"八仙",因为"八公"和"八仙"的名号古已有之,只是到底包含哪八位仙人,名单一直没确定。元曲名家马致远的《吕洞宾三醉岳阳楼》里,"八仙"中有徐神翁,却没有何仙姑。大约要到明朝,我们熟悉的八仙名单才开始成型。就这样,刘安虽死,却给后人留下了"鸡犬升天"的成语和"八仙"传说。

但这不算什么，刘安还留给我们一份更大的遗产：豆腐。

事情起因于朱熹的一首咏豆腐的同名小诗："种豆豆苗稀，力竭心已腐。早知淮王术，安坐获泉布。"朱熹大概怕读者把"淮王术"理解为炼金术或炼丹术，特意在题目下加了一条注释："世传豆腐本乃淮南王术。"（《晦庵集·文集卷三》）明朝诗人苏平有一首七律："传得淮南术最佳，皮肤褪尽见精华。一轮磨上流琼液，百沸汤中滚雪花。瓦缶浸来蟾有影，金刀剖破玉无瑕。个中滋味谁知得，多在僧家与道家。"（《咏豆腐》）看来到了明朝，依然把豆腐的发明权给了淮南王刘安。当时做豆腐、吃豆腐大多在庙宇和道观。（[明]李诩《戒庵老人漫笔·卷七》）豆腐泽被万世，至于刘安到底有没有谋反，是不是乱臣贼子，反而不重要了。

诛杀庄助

原文：

天子以伍被雅辞多引汉之美，欲勿诛。廷尉汤曰："被首为王画反计，罪不可赦。"乃诛被。侍中庄助素与淮南王相结交，私论议，王厚赂遗助；上薄其罪，欲勿诛。张汤争，以为："助出入禁门，腹心之臣，而外与诸侯交私如此；不诛，后不可治。"助竟弃市。

刘安被灭族，刘赐有没有机会置身事外？而伍被又该怎样论罪呢？

武帝查看卷宗，觉得伍被心向朝廷，大可以赦免。但廷尉张汤的意见是：伍被参与了谋反筹划，罪不容诛。就这样，伍被被杀。

随着案子越挖越深，牵连出庄助接受过刘安的馈赠。武帝觉得这只是小事，不至于为此治罪。但张汤的说法是：庄助身为侍中，是皇帝身边的亲信，却结交诸侯王，若不加以严惩，如何警示后人？

就这样，曾是武帝身边大红人的庄助也被杀了。

案子是张汤办的，依照他的一贯风格，一定是揣摩透了武帝的心思，才做出杀人的建议。所以，事情看上去是武帝心怀宽厚，不想把案件扩大化，而张汤冷酷无情，非要把所有相关人等置于死地，但其实是武帝有了杀伐之心，张汤迎合上意，才做出相应的建议，主动扮演残忍好杀的角色，把好人让给武帝去做。

庄助之过

武帝对庄助的不满其实由来已久。庄助曾出奇计，孤身涉险，平定闽越之乱，而且以政坛新丁的身份先是驳倒了权倾朝野的田蚡，又驳倒了南方文坛宗主兼学术泰斗刘安，大大给武帝长了面子。[1] 武帝为了酬劳庄助，派他衣锦还乡，去当会稽太守。庄助早年家贫，一直被亲戚歧视，所以当上太守就可以扬眉吐气，有仇报仇，有怨报怨，只要做得不太过分，武帝并不会管。但离奇的是，庄助这一上任，竟然几年杳无音信。

这个很有意思的细节，可以让我们直观地领略到古代社会的大国管理有多难。庄助真的就这样失联了，而这几年间，武帝竟也没有派人找他。最后，武帝终于忍不住，发下一道诏书，说会稽郡这么重要的地方，做太守的不能说失联就失联，赶紧给中央汇报情况！诏书中有这样两句话："具以《春秋》对，毋以苏秦纵横。"字面意思是：汇报情况时，要用《春秋》的学术语言，不要用纵横家的话术。其实是说：你要端正态度，直言不讳，别耍嘴皮子。

以庄助的聪明伶俐，他竟然选择了按字面意思理

---

[1] 详见前文第065讲。

解武帝的话，书面汇报中劈头就是基于公羊学的《春秋》大义，说臣子侍奉君主就应像子女侍奉父母一样，然后说自己知错了，该死，最后上交三年来的会稽郡政府账目。

正常情况下，账目应每年派人上交一次，汇报当年的财政状况、人口变动等事项，称为上计。如果武帝没催，不知庄助会不会一直拖着。

武帝也没难为庄助，只是把他调了回来，继续留在身边做参谋官，让他当好朝廷的笔杆子。后来淮南王刘安来到长安，总要和庄助搞搞关系。（《汉书·严朱吾丘主父徐严终王贾传》）按说这也正常，毕竟在闽越之乱时，庄助和刘安有过一番交往，两人还都是南方人，有着共同的文学趣味，都能写一手漂亮的词赋。

张汤要杀庄助，既摸准了武帝的心思，也算吃透了儒家经义。庄助作为大汉臣子，依据儒家的行为准则，必须做到"人臣无外交"。汉帝国和匈奴搞谈判，显然属于外交。至于庄助和刘安，看上去都是大汉臣子，为什么不能有私交呢？这是因为，在当时的政治认知里，皇帝的直辖郡县被当成汉国，刘安的封地是淮南国，汉国和淮南国打交道也属于外交。庄助作为汉国臣子，和诸侯国国王私交，还接受对方的巨额馈赠，在法理上，对他严惩不贷完全说得通。

斩尽杀绝

原文：

衡山王上书，请废太子爽，立其弟孝为太子。爽闻，即遣所善白嬴之长安上书，言"孝作辒车、锻矢，与王御者奸"，欲以败孝。会有司捕所与淮南王谋反者，得陈喜于衡山王子孝家，吏劾孝首匿喜。孝闻"律：先自告，除其罪"，即先自告所与谋反者枚赫、陈喜等。公卿请逮捕衡山王治之，王自刭死。王后徐来、太子爽及孝皆弃市，所与谋反者皆族。

凡淮南、衡山二狱，所连引列侯、二千石、豪杰等，死者数万人。

淮南王一案的相关人等，既然连庄助都要被杀，衡山王刘赐当然更没可能置身事外，等待他的是灭族惨剧。《资治通鉴》总结：淮南王、衡山王两场大狱，牵连很广，被处决的足有几万人。

武帝一朝的人口总数并没有留下记载。根据葛剑雄先生推断，武帝初期的全国人口应该在三千六百万左右。(葛剑雄《西汉人口地理》)那么以这样的人口基数，处决几万人是什么概念，不难想见。对照这些年汉帝国和匈奴的作战情况，即使是一场硬仗打下来，死亡人数也很难有这么多。

那么问题来了：案子就算再大，总不可能所有嫌犯都死硬到底，如果依法论罪，怎么会有这么多人被杀呢？

大案当中，原本也有自首立功、坦白从宽的，刘孝就是一个例子。

在衡山王刘赐家里，第二任王后徐来处心积虑地陷害太子刘爽，终于导致父子反目，刘爽从王太子沦为阶下囚。但徐来千算万算，没算到刘赐虽然恨透了刘爽，却对他的同母兄弟刘孝越看越爱，将其当成继承人悉心栽培，而徐来的亲生儿子依然没机会染指太子之位。不过，随后的事情证明，刘赐实在看走了眼——刘孝顶不住压力，竟然向朝廷自首。

有了刘孝这种"骨干分子"自首，查案自然没有任何难度可言。很快，该抓的抓，该杀的杀，刘赐自刎而死，衡山国变成了衡山郡。至于刘孝，因为有自首情节，以出卖亲生父亲和全家人性命为代价，换来了朝廷的赦免。

但是，戏剧性的转折马上发生了：前文讲过，徐来为了陷害刘孝，想让刘赐宠爱的侍女和刘孝发生奸情，这个计划应该成功了一半。也就是说，刘孝确实和那名侍女有染，刘爽也把此事向刘赐挑明过，只不过刘赐当时并未深究，因为儿子到底比侍女重要。按说在高门大户，这点事不算奇闻，既然刘赐本人不介意，别人也就说不出什么。但是，专案组偏偏揪住这件事不放——刘孝自首有功，谋反罪可以赦免，但和父亲的侍女有奸情，这种伤风败俗的勾当罪不容诛，应以弃市处理，最终刘孝还是被杀了。

刘孝死得不算太冤，但前太子刘爽全程没有参与任何事，从一开始就被父亲嫌弃、被后妈陷害，若说刘赐真有什么谋反策划，无论如何也不可能让刘爽参与。这就意味着，如果专案组要拿谋反罪杀刘爽，任何人都会认为纯属栽赃陷害。

但这难不倒专案组。先前刘爽派亲信到长安上书，刘赐立即反咬一口，上书状告刘爽的忤逆行径。如今朝廷办大案，虽然反贼刘赐已死，但当初的诉状依然有效，刘爽这个忤逆父亲的不孝子也被判了弃市，没能逃过一死。

通过刘孝和刘爽的遭遇，我们可以窥一斑而知全豹——朝廷的办案原则就是斩尽杀绝，能株连多广，就株连多广。

121

董仲舒是怎么解读庙殿火灾的

淮南、衡山两大案的结局,人头滚滚,血流成河,武帝就不怕天下人说闲话吗?

这涉及中国思想史的一大关键,很遗憾司马光只字未提。我们有必要借助《史记》《汉书》,了解一下整件事的前因后果。

《灾异之记》

事情要追溯到多年前,到底是哪一年,不同史料有不同说法,总之,一代儒宗董仲舒不知因何离开了官场,在家专心致志地著书立说。成语"目不窥园"就是形容董仲舒治学极为专注。(《汉书·董仲舒传》)当时他的研究课题集中在灾异问题,写的书叫作《灾异之记》。刚好辽东郡祭祀刘邦的高庙发生火灾,这是一个亟需解释的灾异。主父偃嫉妒董仲舒,偷走了

《灾异之记》的草稿，当成自己的作品进呈天子。如此专业的一部书，武帝本人没能力辨别，就召集学术专家，征询专业意见。

给同行挑刺，是专家们喜欢做的事情，学术建设的严谨性正是这么来的。更何况文科领域，尤其和政策相关的领域，要想挑刺，怎么都挑得出来。武帝搞的大概是一场匿名评审，谁都不知论文的作者。挑出的第一根刺就是讥讽朝政。董仲舒的学生吕步舒给出了最严厉的批评，认为作者就是一个彻头彻尾的蠢货。

事情发展到这一步，本该是主父偃偷鸡不成蚀把米，但可能是他承认了剽窃罪名，真正的作者董仲舒被揪了出来，判了死刑。不过，武帝法外开恩，饶他不死。董仲舒从此长了教训，再不敢对灾异问题发表任何意见了。

解读天谴

从武帝时代起，灾异问题逐渐成为政治哲学的核心问题，神奇的预测将会不断出现。董仲舒虽然被吓住了，但毕竟有首倡之功。（钱穆《秦汉史》[1]）那么，他

---

[1] 钱穆《秦汉史》："凡此皆汉儒言灾异应验之著者。然言灾异，起于董仲舒。"

当时到底对灾异问题发表了怎样的意见呢？

董仲舒发表的关于辽东高庙火灾的那部分意见被《汉书·五行志》记录在册，后人还加了一个标题，叫作《庙殿火灾对》。文章针对的现实灾异，除了辽东高庙火灾之外，还有时隔不远的一次高园便殿火灾。所谓高园便殿，是刘邦陵园长陵建筑群中的一处建筑名。也就是说，这两起火灾，烧的全是祭祀刘邦的礼仪性建筑，一处远在辽东，一处近在长安郊外。通俗来讲，汉朝开国皇帝的祖庙和陵园都被烧了，实在很像是汉帝国遭了天谴。那么，对天谴应该做出怎样的解读，自然是一件很重要的事情。

解读天谴，传统的路径是五德终始说，一概套用阴阳五行。这套理论后来涌现出很多平替版，今天民间看风水、测八字、算姓名，还很常用。但董仲舒作为公羊学大师，是要拿《春秋》大义来解读灾异的。一部《春秋》拍在案头，权威感可比阴阳五行强太多了。

不过，《春秋》是一部很简略的编年史，凭什么可以根据灾异预测未来，给国家大政方针提供扎实的理论依据呢？董仲舒开宗明义："《春秋》之道，举往以明来。"今天读这句话，会认为这不过是"鉴古知今"的意思，但并非如此。

董仲舒是这样解释的:"视《春秋》所举与同比者,精微眇以存其意,通伦类以贯其理。天地之变,国家之事,粲然皆见(现),亡(无)所疑矣。"简单讲,同类相感是一种客观现象,水流湿,火就燥,同声相应,同气相求。从这个角度看《春秋》,其中不但记载了古代发生过的各类灾异,还记载了这些灾异在人间政治中对应的起因和结果。种种历史上真实发生过的灾异,都可在《春秋》中被读者小心复盘。而在复盘之后,规律也就呼之欲出。那么,当现实中发生同类灾异时,就可以根据这些规律做出正确的反应。

这就是归纳法的应用范式:从已有现象当中总结规律,再用规律去解释新的现象。

两观失火

那么接下来,就可以拿这套方法解释辽东高庙和高园便殿的两起火灾。第一步,在《春秋》当中寻找同类事件。董仲舒找到的是鲁定公三年"两观(guàn)"火灾和鲁哀公三年桓公、僖公庙火灾。

如果翻出《春秋》,找到鲁定公三年的内容,只有简单的一句话:"夏五月壬辰,雉门及两观灾。"意思无非是说雉门和两观失火了,仅此而已。雉门是什么,可以不管。至于两观，观就是阙，也就是宫门外高台上的望楼。那么望楼失火，有什么大不了的？

事情单摆浮搁来看，确实看不出所以然，而线索藏在《公羊传·昭公二十五年》。当时鲁昭公要除掉大贵族季氏，对子家驹吐露心声，说季氏僭越君权许久，自己好想弄死他。子家驹不以为然，说："季氏身为鲁国大夫，僭越您的权力确实许久了；可您身为诸侯，僭越周天子的权力也已经许久了。"言下之意是：您不能乌鸦站在猪身上，尽看别人黑。鲁昭公不服气，于是子家驹一一罗列鲁昭公的僭越行径，其中就包括修建两观。也就是说，根据礼制，只有周天子的宫殿才有资格设置两观，诸侯没这个资格，而鲁国的两观无时无刻不在彰显着鲁昭公的非礼。

结果鲁昭公死后，到了鲁定公时代，两观终于失火了。两件事一联系，失火的原因就是：上天要烧掉非礼之物。

那么问题来了：两观明明是鲁昭公所建，上天若真要施加天谴，为何不在鲁昭公时代就烧掉两观，反而要等到鲁定公时代呢？

董仲舒解释说，鲁昭公时代鲁国没有贤臣，就算鲁昭公出手对付季氏，注定力有未逮。结果确实如此，鲁昭公斗败，流亡到齐国去了。而到了鲁定公、鲁哀公这两代，孔子登上了历史舞台。这正是孔子发扬圣人之德的时代，同时也是季氏家族恶贯满盈的时代。于是上天以焚毁两观来提醒鲁定公：时机成熟了，是时候除掉季氏了。只可惜鲁定公头脑不清，平白错失了这个宝贵机会。董仲舒做出结论："不时不见（现），天之道也。"意思是，天意通过灾异展示给人间，并非简单地敦促人们惩恶扬善，而是在恰当的时机敦促人们惩恶扬善。假如鲁定公当时看懂了两观火灾背后的天意，那么正确的做法就是重用孔子，铲除季氏。这样，不但做得对，而且做得成。

鉴古知今，汉武帝时代的辽东高庙失火和鲁定公时代的两观失火性质相同，所以武帝不难通过公羊学洞彻天机，着手铲除远方的非礼诸侯。

非礼建筑

第三辑讲过，先秦传统里，宗庙只应有一个，建在国都，但汉朝扩大了宗庙规模。太上皇刘太公过世时，刘邦要求诸侯王在各自的国都为太上皇立庙。惠帝即位以后，再一次扩大了宗庙规模，要求天下各郡、各诸侯国都为刘邦立庙。这就极大地增加了刘邦的曝光率，让天下人都能感受到这位开国皇帝的影响力。

每一座庙都是一个公共礼仪的核心，对帝国的各个角落施加着精神控制力，塑造着普罗大众对皇权和国家的认同。[1]

但这样的安排，埋下了一个严峻的政治隐患：在周代的祭祀规范里，只有天子才有资格祭祀始祖，而现在各郡国都能在本地祭祀刘邦，至少意味着每一位诸侯王都有当天子的资格。所以到了景帝时代，申屠嘉才会提出：朝廷不能由着诸侯王和地方官直接祭祀刘邦，否则，他们岂不是可以和皇帝平起平坐？[2]

也就是说，高庙必须在长安，若其他地区还有高庙，那就属于非礼建筑，要遭天谴。而辽东郡那么偏远的地方，怎么可以有高庙呢？远在辽东的非礼建筑，对应着远方不守法度的诸侯王。于是，上天给出提示：是时候除掉这些诸侯王了。

---

[1] 详见《资治通鉴熊逸版》（第三辑）第233讲。

[2] 详见前文第019讲。

122

如何理解武帝一朝的政治哲学

这一讲继续深入董仲舒的名文《庙殿火灾对》。虽然它内容简短,但要理解武帝一朝的政治哲学纲领,这是最关键的文章之一。

发生在高园便殿的火灾应如何解释,董仲舒在《春秋》里找到一个同类事件。那是在鲁哀公三年,记载很简短:"五月辛卯,桓宫、僖宫灾。"意思是,这一年的五月辛卯日,鲁国的桓公庙和僖公庙同时起火。

鲁桓公和鲁僖公是鲁国的两位先祖,死后立庙。子孙在桓公庙里祭祀桓公,在僖公庙里祭祀僖公。那么,两座祖庙同时起火,上天到底通过此事传达了什么信号呢?线索还在《公羊传》里——这两座祖庙都属于"毁庙",也就是按照礼制该被拆毁的庙。可想而知,它们该毁却未毁,于是上天降下火灾,摧毁了这两座非礼的建筑。

那么问题来了:以今天的理解,拆掉祖庙才是非礼行为。为什么要拆祖庙呢?

毁庙制度

儒家对于祖庙制度,有一套很特别的理论,叫作迁庙或毁庙。

贵族死后,子孙都要给他立庙,庙里给他立一个牌位,叫作神主。以后凡是祭祀、典礼,就可以在祖庙里进行。和今天最不一样的是,埋葬和祭祀并不在同一处,"扫墓"的做法要到东汉以后才确立下来。

那么,人事有代谢,往来成古今,死的人越来越多,庙也越来越多,活人会不会不堪重负呢?对于天子、诸侯来说,土地有的是,人力物力也充足。但对大夫一级来说就难了。到了贵族最低等级的"士",人数多,财力薄,如果每家要弄多个祖庙,一定会引发地价暴涨,严重挤压活人的生存空间。也许出于这种考虑,礼制对立庙做出了严格规范:天子七庙,诸侯五庙,大夫三庙,士一庙。

拿"天子七庙"来说,就算贵为天子,也只能立七座祖庙:其中最核心的一座是太祖庙,供奉的是家族始祖,这是永远不变的;另外的六座祖庙,分别供奉现任天子的父亲、祖父、曾祖,一直往上数六代;

第七代和以上的先祖就没资格再享受单独的祖庙了，他们的牌位会被迁出原先的祖庙，迁到太祖庙里，这个过程就叫迁庙或毁庙。

每一任天子，七庙当中只有太祖的牌位永远留在太祖庙里。随着迭代越来越多，太祖庙里的祖先牌位就越来越多，而祖庙的数量永远保持在七个。在任何时代，都只有与现任天子血缘最近的六个祖先牌位享有单间待遇。

诸侯五庙，大夫三庙，遵循同样的规则。士一庙，意味着所有牌位都摆在唯一的祖庙里。

料事如神

不过，这种迁庙制度到底是先秦时代的真实规则，还是汉代儒家的大胆想象，是一个争议问题。但重点是到了武帝一朝，人们开始相信这种制度的真实性了。我们可以根据迁庙制度，重新看一看《春秋》里的鲁国桓公庙和僖公庙的火灾问题。

鲁国的级别是诸侯，诸侯五庙。太祖庙祭祀的是鲁国开国君主周公旦——孔子做梦都渴望梦见的圣人。火灾发生在鲁哀公时代，鲁桓公距离鲁哀公有十一代，鲁僖公距离鲁哀公有八代，所以鲁桓公和鲁僖公的牌位都没资格享受单间待遇了，而应被迁到太祖庙里，和周公旦的牌位一起受后世子孙祭祀。既然鲁哀公没把该毁的庙毁了，上天就降下大火来替他毁。

可是，鲁桓公距离鲁哀公有十一代，鲁僖公距离鲁哀公有八代，那么早在鲁哀公的父亲和祖父在世时，上天就应该降下大火，烧毁这两座祖庙，为什么大火姗姗来迟，直到哀公时代才来摧毁人间的非礼建筑呢？

道理依旧是董仲舒那句话："不时不见（现），天之道也。"[1] 因为先前一直没有合适的机会，而到了哀公时代，大圣人孔子现身了。鲁哀公只要仰仗孔子的力量，根据天意的指引，铲除鲁国境内的非礼因素，就可以大功告成。但很遗憾，鲁哀公没有这个觉悟。

新问题来了：辽东高庙起火和高园便殿起火，难道意义不一样吗？

董仲舒的意见是：既有一样的地方，那就是非礼；也有不一样的地方，那就是有远有近。天意就是：那些偏离正道最严重的诸侯王，虽然是陛下的亲戚，陛下也应当一咬牙、一狠心，杀了他们，就像上天烧毁远方的辽东高庙一样；那些长安城内偏离正道的权贵，

---

[1] 详见前文第121讲。

陛下也应当杀了他们，就像上天烧毁长安郊外的高园便殿一样。这背后的规律是：罪人若在国都之外，火灾就发生在国都之外；罪人若在国都之内，火灾就发生在国都之内。并且，灾情的轻重和罪行的轻重成正比。

根据《汉书·五行志》的记载，董仲舒上呈这篇《庙殿火灾对》时，正是诸侯王在王国之内横行不法、又到长安勾结权贵的阶段。淮南王刘安入朝，和田蚡私相授受，说了极其不该说的话。还有胶西王、赵王、常山王，有灭人全家的，有下毒谋杀二千石高官的。等到刘安筹划叛乱，胶东王、江都王不但知情，还秘密制造武器，准备响应刘安。直到刘安阴谋败露，这些坏人坏事才被牵连出来。这时，武帝忽然回想起当年董仲舒写的《庙殿火灾对》，方觉董老先生简直高瞻远瞩、料事如神。

《春秋》断案

正因想到这一层，武帝对公羊学的预见力佩服得五体投地，这才做出一个大胆的决定——委任董仲舒的弟子吕步舒持斧钺赶赴淮南国，主审谋反大案，并以《春秋》大义作为断案准绳，不必向中央政府请示。

这件事的意义在于，国家大法忽然不再是各种法律条文了，而是变成了一部儒家经典中的指导精神。案子该怎么判，人该怎么杀，《春秋》大义才是终极依据，而解释权完全掌握在《春秋》学专家手上——淮南王谋反案，就掌握在吕步舒一人手上。武帝也相当于给吕步舒上了一课：你的老师当真厉害，你还有的学。

赐给吕步舒的斧钺，相当于民间戏曲里的尚方宝剑。既然是象征杀伐的斧钺，武帝的意图就很明确了：从严从重处理。别看吕步舒是儒家学者，但他杀起人来毫不手软，杀完几千人后回长安交差。武帝对他的处置全盘认可，没挑任何毛病。

那么看"七国之乱"，吴王刘濞也好，楚王刘戊也罢，谋反都是实实在在地攻城略地。而淮南王刘安和衡山王刘赐所谓的谋反，若说真的付诸实施，也仅仅停留在谋划阶段，从头到尾没有发动过一兵一卒。就算依据《春秋》大义，怎么可能有那么多人该杀？怎么就到了罪不容诛的地步呢？

给刘安议罪时，胶西王搬出一条《春秋》大义："臣无将（jiāng），将而诛。"（《汉书·淮南衡山济北王传》）追溯到《公羊传》："君亲无将，将而诛焉。"意思是，对于君主和父亲大人，就应真心顺从，心里连一丁点叛逆的念头都不能有，谁要是动了这种念头，

哪怕没有表现在行动上,也是死罪。(《公羊传·庄公三十二年》)

那么,别人心里到底是怎么想的,我们怎么可能知道呢?

有些想法,确实可以知道。所以在现代法律里,同样是杀人行径,有的是谋杀,有的是过失杀人,有的是误杀,道理不难理解。如果把误杀和谋杀同罪同罚,正常人都觉得无法接受。但不论是误杀还是谋杀,表现在行为层面都有"杀"。而"臣无将"就不一样了——仅有想法而没有付诸行动,依据《春秋》大义也可以被定罪,甚至定为死罪。而想法死无对证,完全取决于谁拥有最终解释权。

淮南、衡山两案就这样牵出一大片彻侯、二千石级别的高官和地方豪杰,杀死几万人。诸侯王经过这一轮修理,更加成不了气候,皇权因此愈发显得至高无上。